Prezentace vlastního stylu a nošení vlastnoručně vyrobených šperků je absolutně in. Ke každému outfitu si můžete navléci velice rychle a snadno stylový šperk.

Na stranách této knížky najdete nespočet šperků vytvořených oblíbeným síťovým stehem. Přestože se tuto základní techniku naučíte snadno, nabízí širokou škálu rozmanitých kombinací. Vzácný japonský rokajl a korálky Delica propůjčí šperku profesionální vzhled a také pestrá nabídka dalších korálků vám umožní vytvářet stále nové a nové modely.

Slavnostní náhrdelníky k večerní róbě, stylové řetízky do práce, okouzlující náramky, když chcete vyrazit ven, nebo zářivé prsteny čekají jen na to, abyste je navlékli a začali i nosit.

Lydia Klös

V barvách moře

nádherná souprava

DÉLKA
Náhrdelník asi 46 cm
Náramek asi 20 cm

MATERIÁL

NÁHRDELNÍK

* trubičky Miyuki se stříbrným průtahem ve světle a tmavě modré a tmavě zelené, dlouhé asi 6 mm, vždy asi po 7 g
* rokajly Miyuki se stříbrným průtahem v barvě Aqua, ∅ 2,2 mm (10/0), asi 12 g
* platinový magnetický uzávěr, ∅ 12 mm
* modrá nit

NÁRAMEK

* trubičky Miyuki se stříbrným průtahem ve světle a tmavě modré a tmavě zelené, dlouhé asi 6 mm, vždy asi po 3 g
* rokajly Miyuki se stříbrným průtahem v barvě Aqua, ∅ 2,2 mm (10/0), asi 5 g
* modrá nit

NÁKRESY NAVLÉKÁNÍ STRANA 1

Náhrdelník

1 Nit dlouhou 2 m navlékněte do jehly a asi 30 cm kousek niti nechejte volný. Začněte nákresem 1 a konce nitě zauzlujte tak, aby vznikl trojúhelník.

2 Podle nákresu 2 navlékněte první tři obloučky, přičemž si vyberte stejnou barvu trubičky, jako je barva předchozí řady. Toto opakujte (nákres 3) a pokračujte dál. Nit pokud možno napínejte, aby nebyl náhrdelník příliš volný. Tři různobarevné obloučky se začínají postupně stáčet kolem sebe.

3 Jakmile vám dojde nit, připevněte novou. Novou nit pak provlékněte všemi korálky horní řady. Začněte trubičkou, která následuje po rokajlu, z nějž vyčnívá předešlá nit, a končete rokajlem, z níž vyčnívá předešlá nit. Oba konce nitě zauzlujte a dále pracujte s novou nití.

4 Poté, co dosáhnete potřebné délky, navlékněte dva rokajly a nit provlékněte očkem jedné poloviny uzávěru. Pak navlékněte další dva rokajly a nit veďte naproti ležícím rokajlem poslední řady. Navléknutými korálky a očkem jedné poloviny uzávěru provlékněte nit zase zpět. Znovu ji provlékněte rokajlem poslední řady, dalšími navléknutými rokajly až k očku poloviny uzávěru. Navlékněte další dva rokajly a nit veďte dalším naproti ležícím rokajlem poslední řady. U velmi tenké nitě tento krok opakujte. Druhý konec náhrdelníku uzavřete stejným způsobem a konce nitě dobře zapošijte.

Náramek

1 Navlékejte podle kroků 1 – 3 u popisu náhrdelníku.

2 Po dosažení potřebné délky oba konce uzavřete do kruhu. V poslední řadě provlékněte nit místo navléknutí nového korálku korálky první řady a konce tak bez přechodu zapošijte. Nit pak ještě několikrát provlékněte místem spojení, abyste náramek v tomto místě stabilizovali. Konce nitě zapošijte.

Okouzlující náramky

velice snadné

DÉLKA

Náramek ve světle šedé a antracitové asi 17 cm

Náramek v ametystové asi 17 cm

Náramek v modro-tyrkysové asi 18 cm

MATERIÁL

* průsvitná gumička, ∅ 0,6 mm
* jehla na korálky Big-Eye
* zapalovač

DODATEČNĚ NA NÁRAMEK VE SVĚTLE ŠEDÉ A ANTRACITOVÉ

* asi 114 světle šedých korálků Cat-Eye, ∅ 4 mm
* asi 76 antracitových korálků Cat-Eye, ∅ 4 mm
* křišťálové rokajly se stříbrným průtahem, ∅ 2,6 mm (9/0), asi 2 g

DODATEČNĚ NA NÁRAMEK V AMETYSTOVÉ MONTANA

* asi 80 broušených průsvitných korálků barvy ametystu (jemně kouřových), ∅ 4 mm
* asi 80 broušených průsvitných korálků barvy tanzanite (fialové, jemně kouřové), ∅ 4 mm
* asi 40 broušených průsvitných korálků šedé kouřové barvy, ∅ 4 mm
* stříbrné metalické rokajly, ∅ 2,6 mm (9/0), asi 2 g

DODATEČNĚ NA NÁRAMEK V MODRO-TYRKYSOVÉ

* asi 70 voskových korálků ve světle tyrkysové, ∅ 4 mm
* asi 70 voskových korálků v tyrkysové, ∅ 4 mm
* asi 70 voskových korálků v tmavě modré, ∅ 4 mm
* stříbrné metalické rokajly, ∅ 2,6 mm (9/0), asi 2 g

NÁKRESY NAVLÉKÁNÍ STRANY 1/2

1 Gumičku dlouhou asi 1,70 – 2 m (podle délky náramku) navlékněte do jehly a nechejte ji asi 5 cm kousek přečnívat. Začněte podle nákresu 1 a pokračujte podle pořadí korálků. U jednotlivých náramků dbejte vždy na pořadí barev.

2 Poté, co má náramek dostatečnou délku, svažte začátek a konec náramku podle nákresu 2. U modro-tyrkysového náramku dávejte pozor na průběh vzoru a doplňte, pokud to je nutné, ještě několik řad. Konce gumičky svažte tkalcovským nebo dvojitým uzlem, zkraťte je a zatavte nad zapalovačem.

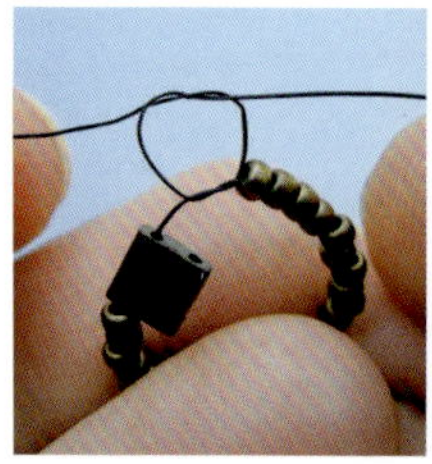

Extravagantní perly

romantické v růžové

DÉLKA
Náhrdelník asi 45 cm
Náušnice asi 2 cm

MATERIÁL
NÁHRDELNÍK
* růžové metalické rokajly Toho, ∅ 2,2 mm (11/0), asi 13 g
* světle růžové metalické rokajly Toho, ∅ 2,2 mm (11/0), asi 6 g
* 2 korálky Polaris se štrasovými kamínky v matně fialové, ∅ 10 mm
* 4 rondely Polaris se štrasovými kamínky v matně růžové, ∅ 10 mm
* 4 korálky Polaris matně fialové barvy, ∅ 14 mm
* fialový matný korálek Polaris, ∅ 20 mm
* jednostranně otevřený jemně fialový náhrdelník se šroubovacím uzávěrem
* pevná bílá nit

NÁUŠNICE
* růžové metalické rokajly Toho, ∅ 2,2 mm (11/0), asi 3 g
* světle růžové metalické rokajly Toho, ∅ 2,2 mm (11/0), asi 2 g
* 2 korálky Polaris v matně fialové, ∅ 14 mm
* 2 platinové ketlovací jehly, 30 mm dlouhé
* 2 platinové náušnicové háčky
* pevná bílá nit

NÁKRESY NAVLÉKÁNÍ STRANA 2

Náhrdelník

1 Do jehly navlékněte nit dlouhou 1,50 m, navlékněte na ni středový korálek a asi 10 cm dlouhý kousek nitě nechejte přečnívat. Začněte nákresem 1 k velkému korálku a tento pracovní krok opakujte dvakrát. Šířka navléknutého obdélníku by měla odpovídat obvodu velkého korálku Polaris. Pokud to bude nutné, navlékněte další řadu, příp. jednu odeberte.

2 Po dosažení potřebné šířky začátek a konec obdélníku spojte podle nákresu 2 a konce nití zauzlujte. Vzniklou korálkovou trubičku navlékněte na velký korálek Polaris tak, aby postranní třapce ukazovaly k dírkám v korálcích. Koncem nitě provlékněte na obou stranách korálky na koncích malých pramínků a ty pak uzavřete do kruhu. Konce nití zapošijte.

3 Čtyři menší korálky Polaris obšijte stejným způsobem. Použijte vždy nit dlouhou 90 cm a nákres 1 vypracujte k malému korálku dvakrát.

4 Všechny korálky podle obrázku navlékněte na otevřený konec náhrdelníku. Nasuňte koncovku a stlačením ji pak zafixujte.

Náušnice

1 Oba korálky Polaris podle popisu obšijte jako malý korálek náhrdelníku.

2 Jeden rokajl, hotový korálek a znovu rokajl navlékněte na ketlovací jehlu. Konec jehly ohněte jako očko a zavěste jej do očka náušnice. Druhou náušnici vypracujte stejně.

Náš tip:

Můžete použít také jiné korálky stejných velikostí a obšít je korálky. I obyčejné dřevěné korálky se tak mohou proměnit v nádherné perly.

Tři barevné kombinace stejnou techniku a docílíte zcela různých efektů. Pohrajte si s barvami a kontrasty.

Nádherné prstýnky

rychle a jednoduše

VELIKOST
libovolná

MATERIÁL
* průsvitná gumička, ∅ 0,6 mm
* jehla Big-Eye
* zapalovač

DODATEČNĚ PRO MODROŠEDÝ PRSTÝNEK
* modré matné metalické korálky Delica, ∅ 2 mm (11/0), asi 2 g
* šedé matné korálky Delica, ∅ 2 mm (11/0), asi 1 g

DODATEČNĚ NA HNĚDOZLATÝ PRSTÝNEK
* světle hnědé matné korálky Delica, ∅ 2 mm (11/0), asi 2 g
* zlaté matné korálky Delica, ∅ 2 mm (11/0), asi 1 g

DODATEČNĚ NA PRSTÝNEK V MODRO- -FIALOVÉ A ZLATÉ
* modrofialové matné korálky Delica, ∅ 2 mm (11/0), asi 2 g
* zlaté korálky Delica AB, ∅ 2 mm (11/0), asi 1 g

NÁKRESY NAVLÉKÁNÍ STRANA 3

1 Gumičkou dlouhou asi 60 – 70 cm (podle velikosti prstenu) navlékněte do jehly a asi 4 cm dlouhý kousek gumičky nechejte přečnívat. Začněte podle nákresu 1 a stále opakujte pořadí korálků.

2 Po dosažení patřičné délky spojte podle nákresu 2 začátek a konec prstýnku. Konce gumičky svažte tkalcovským nebo dvojitým uzlem, zkraťte a zapalovačem je zatavte (viz str. 4/5).

Náš tip:

Nápady na dárek: Protože jsou prstýnky elastické, hodí se skvěle jako dárek. Použijte obzvlášť tenkou a elastickou gumičku a zkuste si vyrobit prstýnky touto technikou z korálků Miyuki nebo Toho.

Jemné sady

s korálky ve tvaru slzy

DÉLKA
Náhrdelník asi 45 cm

Náušnice asi 2 cm

MATERIÁL
* bílá nit

DODATEČNĚ NA NÁHRDELNÍK
* asi 54 olivově zelených skleněných slz dlouhých 11 mm
* asi 55 olivově zelených broušených korálků, ∅ 4 mm
* rokajly Miyuki se stříbrným průtahem, ∅ 2,2 mm (10/0), asi 11 g
* 2 stříbrné kroužky, ∅ 4 – 5 mm
* stříbrné americké zapínání, ∅ 12 mm

DODATEČNĚ NA NÁUŠNICE
* 2 olivově zelené skleněné slzy, 11 mm dlouhé
* olivově zelené broušené korálky, ∅ 4 mm
* 20 křišťálových rokajlů Miyuki se stříbrným průtahem, ∅ 2,2 mm (10/0)
* 2 stříbrné náušnicové klipsy

NÁKRESY NAVLÉKÁNÍ STRANA 3

Náhrdelník

1 Nit dlouhou 2,5 m navlékněte do jehly a asi 15 cm dlouhý konec nitě nechejte přečnívat. Korálky navlékejte podle nákresu 1 a stále opakujte.

2 Po dosažení patřičné délky náhrdelníku pak podle nákresu 2 připevněte druhou část uzávěru. Konce nitě zapošijte a odstřihněte.

Náušnice

Na nit dlouhou asi 30 cm navlékněte korálky podle nákresu. Konce nitě pak zauzlujte a zapošijte několika meziuzly v protisměru. Druhou náušnici vypracujte stejně.

Náš tip:

Malé skleněné slzy jsou k dostání v různých délkách a šířkách. Pokud byste nenašli předepsané barevné slzy, můžete použít také skleněné olivy. Nit jednoduše provlékněte olivou směrem dolů, navlékněte jeden rokajl a opět ji veďte olivou zpět. Stejným způsobem můžete vypracovat také podélně provrtané slzy.

Třpytivá souprava v modro-křišťálové

s korálky Swarovski®

DÉLKA

Prsten libovolně

Náhrdelník asi 45 cm

MATERIÁL

* průsvitná perlonová nit, ∅ 0,25 mm

DODATEČNĚ NA NÁHRDELNÍK

* kámen Swarovski®-Rivoli v křišťálové, ∅ 14 mm
* 16 Swarovski® broušených korálků v safírové, ∅ 4 mm
* korálky Delica v křišťálové se stříbrným průtahem, ∅ 2 mm (11/0), asi 5 g
* jednořadý platinový uzávěr

DODATEČNĚ NA PRSTEN

* kámen Swarovski®-Rivoli v křišťálové, ∅ 14 mm
* 16 Swarovski® broušených korálků v safírové, ∅ 4 mm
* korálky Delica v křišťálové se stříbrným průtahem, ∅ 2 mm (11/0), asi 2 g

NÁKRESY NAVLÉKÁNÍ STRANY 4–6

Náhrdelník

1 Na přívěsek navlékněte do jehly 90 cm dlouhou perlonovou nit a asi 15 cm dlouhý konec nechejte volný. Začněte s řazením korálků podle nákresu 1 a pokračujte až po nákres 5.

2 Začněte spodní stranu (nákres 6) a pak do ní zasaďte třpytivou stranou dopředu kámen Rivoli (nákres 7). Podle nákresů 8 – 13 pak přidejte na spodní straně další korálky Delica. Poté provlékněte začátek nitě ke konci nitě dospodu a oba konce zauzlujte a zatavte.

3 K vypracování řetízku pokračujte nákresem 14a. Dvě vždy 1,3 m dlouhé perlonové nitě provlékněte korálky Delica na spodní straně přívěsku. Konce nití zastřihněte na stejnou délku a oběma pak navlékněte řetízek. Po dosažení potřebné délky provlékněte nitě očkem v uzávěru a řetízek provlékněte dvakrát. Konce nití veďte k sobě, zauzlujte a zatavte.

Prsten

1,2 m dlouhou perlonovou nit navlékněte do jehly a podle nákresů 1 – 13 vypracujte střed prstenu. Pak pokračujte nákresy 14b – 15 a napojte obroučku. V místě napojení provlékněte obroučku dvakrát. Konce nití veďte k sobě, zauzlujte a zatavte.

Náš tip:

Perlonovou nit navléknete do jehly snadněji, pokud ji zploštíte plochými kleštěmi.

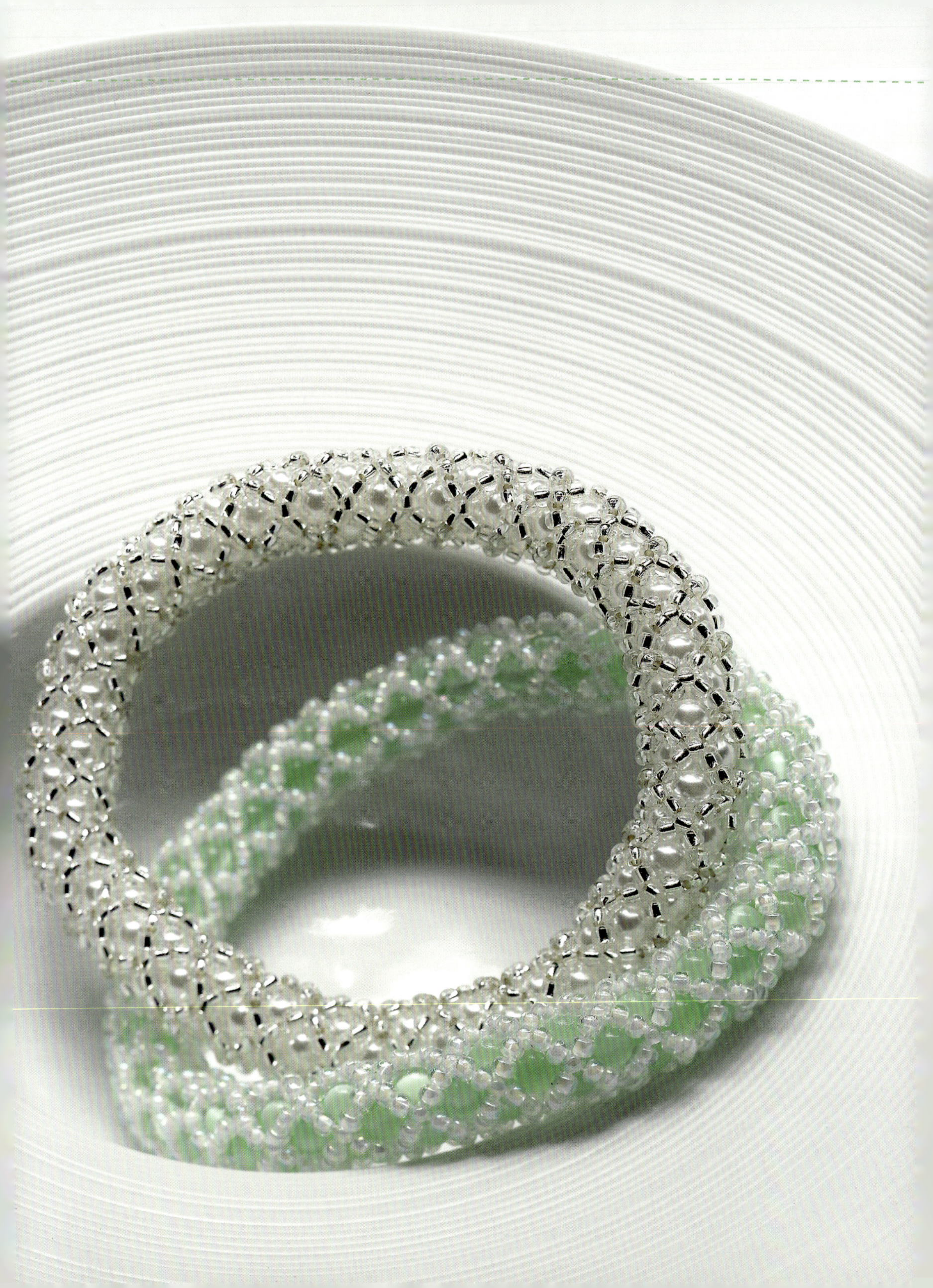

Ať již v bílo-stříbrné nebo zeleno-bílé, síťová technika působí v barevné kombinaci elegantně.

Jednoduché náramky

v jemných barvách

DÉLKA

Bílý náramek 21 cm, ∅ (vnitřní) 6 cm

Světle zelený náramek 21 cm, ∅ (vnitřní) 6 cm

MATERIÁL

* pevná bílá nit

DODATEČNĚ NA BÍLÝ NÁRAMEK

* asi 174 voskových křišťálově bílých korálků, ∅ 4 mm
* rokajly Miyuki se stříbrným průtahem v křišťálové, ∅ 2,2 mm (10/0), asi 12 g

DODATEČNĚ NA SVĚTLE ZELENÝ NÁRAMEK

* asi 174 světle zelených korálků Cat-Eye, ∅ 4 mm
* rokajly Miyuki s bílým průtahem v křišťálové, ∅ 2,2 mm (10/0), asi 12 g

NÁKRESY NAVLÉKÁNÍ STRANA 5

1 Nit dlouhou 2,5 m navlékněte do jehly a asi 15 cm dlouhý konec nechejte volný. Začněte s navlékáním korálků podle nákresu 1 a uzavřete je do kruhu. První tři obloučky navlékněte z rokajlů (nákres 2) a pak mezi ně navlékněte vždy jeden 4 mm velký korálek (nákres 3). Postup podle nákresů 2 – 3 stále opakujte, nit přitom co nejvíce utahujte, aby nebyl náramek příliš volný.

2 Pokud nit spotřebujete, připevněte novou. Tu pak provlékněte všemi korálky vrchní řady. Začněte korálkem, který následuje po rokajlu, z nějž předešlá nit vychází, a končete rokajlem, z níž předešlá nit vycházela. Oba konce nitě zauzlujte, v navlékání pak pokračujte novou nití.

3 Poté, co navléknete celkem 58 řad korálky velkými 4 mm nebo jste dosáhli potřebnou délku, uzavřete oba konce pramínků do kroužku. Vypracujte ještě jednou obloučky z nákresu 2 ale již nepřidávejte do středu obloučku žádný nový rokajl, nit provlékněte vždy rokajlem první řady. Konce se tak beze švu spojí. Nit provlékněte ještě několikrát místem spojení, abyste je stabilizovali. Konce nití zapošijte.

Módní náhrdelník

v elegantních šedých odstínech

DÉLKA
asi 75 cm

MATERIÁL
* 64 antracitových skleněných voskových korálků, ∅ 4 mm
* 32 světle šedých skleněných voskových korálků, ∅ 6 mm
* 14 tmavě šedých skleněných voskových korálků, ∅ 8 mm
* rokajly Toho v šedé metalické, ∅ 2,2 mm (11/0), asi 9 g
* platinový řetízek s očky, 3 mm široký, asi 60 cm dlouhý
* 2 platinové nýty, 30 mm dlouhé
* 16 platinových ketlovacích jehel, 27 mm dlouhých
* platinová ketlovací jehla, 42 mm dlouhá
* platinové americké zapínání, ∅ 16 mm
* pevná černá nit
* kulaté kleště
* štípací kleště
* 2 ploché kleště

NÁKRESY NAVLÉKÁNÍ STRANY 6–9

1 Na jeden malý korálek potřebujete nit dlouhou 50 cm. Navlékněte ji do jehly a asi 10 cm nechejte volných. Začněte nákresem 1 pro všechny typy korálků a pokračujte dále až k nákresu 4. Poté navlékejte podle nákresů 5 - 7 pro malé korálky. Nit navlékněte ještě jednou čtyřmi zbývajícími korálky a konce nitě zapošijte. Stejným způsobem vypracujte druhý malý korálek.

2 Pro střední korálek navlékněte do jehly nit dlouhou asi 70 cm a její asi 10 cm dlouhý konec nechejte přečnívat. Začněte nákresem 1 pro všechny velikosti korálků a pokračujte k nákresu 4. Poté pokračujte podle nákresů 5 – 11 pro střední korálky. Nakonec provlékněte nit ještě jednou čtyřmi zbývajícími rokajly a konce nití zapošijte. Stejným způsobem vypracujte dalších pět středních korálků.

3 Na velký korálek navlékněte nit dlouhou 1,2 m a asi 10 cm dlouhou nit nechejte přečnívat. Začněte nákresem 1 pro všechny typy korálků a pokračujte dále až k nákresu 4. Pak pokračujte podle nákresů 5 – 15 pro velké korálky. Nakonec provlékněte nit ještě jednou zbývajícími čtyřmi rokajly a konce nití zapošijte.

4 Očko delší ketlovací jehly zvětšete kulatými kleštěmi, velký korálek na ni navlékněte a konec jehly zahněte do většího očka. Dva tmavě šedé 8 mm velké voskové korálky navlékněte vždy na jeden nýt. Konce nýtu zkraťte a vytvarujte do očka. Malé a střední korálky a zbývající voskové korálky nasuňte na zbývající ketlovací jehlu. Konce jehel podle potřeby zkraťte a ohněte jako očka.

5 Ze spojovacího řetízku pomocí obou plochých kleští oddělte 2x 2, 15x 8 a 1x 12 oček řetízku. Spodní očko velkého korálku rozevřete pomocí plochých kleští, zavěste do něj jednou dvanáct a jednou osm oček spojovacího řetízku a očko znovu uzavřete. Na každý z těchto částí spojovacích kroužků nejprve zavěste malý korálek, dva díly řetízku a jeden nýtek s voskovým korálkem. Rozevřete druhé očko velkého korálku, zavěste do něj dvě osmidílné části delších dílů a očko znovu rozevřete. Na obou dílech spojovacího řetízku připevněte vždy 3x po sobě jeden voskový korálek, 1x osm kroužků spojovacího řetízku, jeden středně velký korálek a 1x osm kroužků spojovacího řetízku a končete dalším voskovým korálkem. Oba prameny řetízku spojte se zbytkem náhrdelníku, nastavte si potřebnou délku náhrdelníku, příp. jej můžete podle potřeby zkrátit. Náhrdelník ve středu vzadu rozpojte a na obě strany připevněte vždy jednu část zapínání.

V barvách moře

strana 2

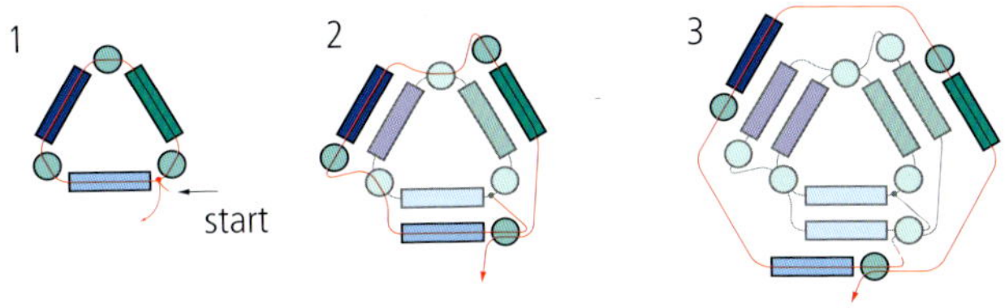

- Miyuki rokajl Aqua, ∅ 2,2 mm
- Miyuki trubička světle modrá, 6 mm dlouhá
- Miyuki trubička tmavě modrá, 6 mm dlouhá
- Miyuki trubička tmavě zelená, 6 mm dlouhá

Okouzlující náramky

strana 4

- rokajl, ∅ 2,6 mm
- korálek, ∅ 4 mm

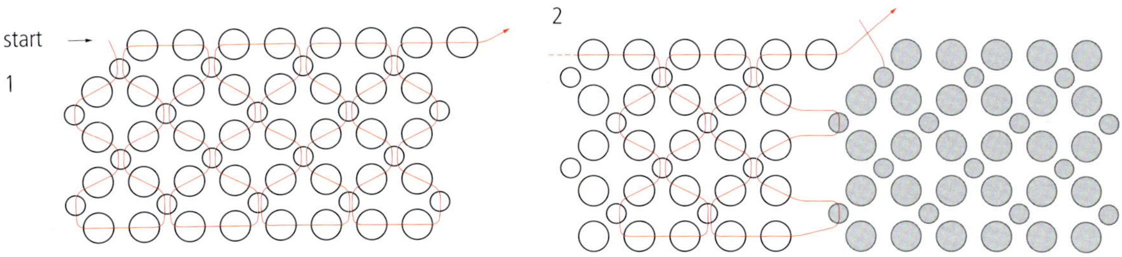

Sled barev pro náramek ve světle šedé a antracitové

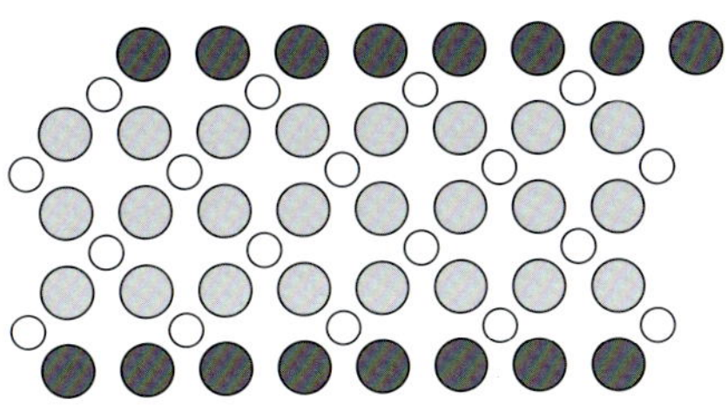

- průsvitný rokajl
- korálek Cat-Eye ve světle šedé
- korálek Cat-Eye v antracitové

Sled barev pro náramek v ametystové montana

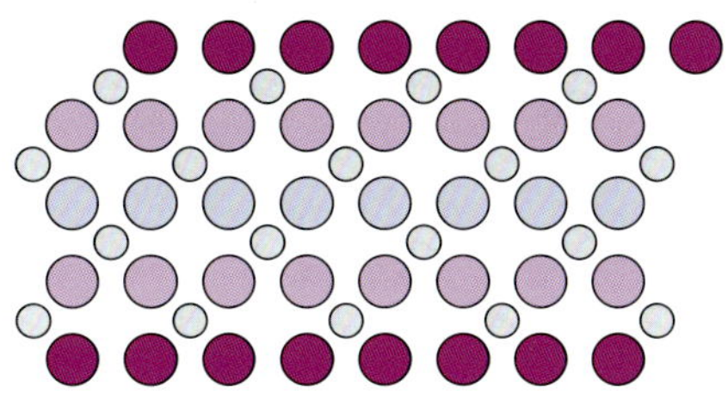

- stříbrný rokajl
- broušený korálek montana
- broušený korálek ametyst
- broušený korálek v tanzanite

Okouzlující náramky

strana 4

Sled barev pro náramek v modro-tyrkysové

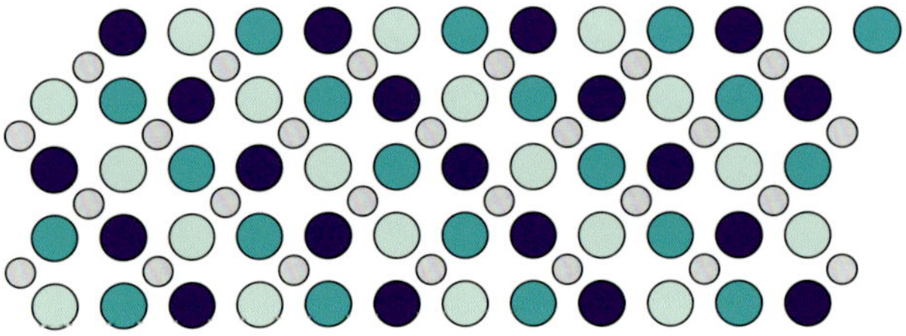

stříbrný rokajl

světle tyrkysový voskový korálek

tyrkysový voskový korálek

tmavě modrý voskový korálek

Extravagantní perly

strana 6

velká perla

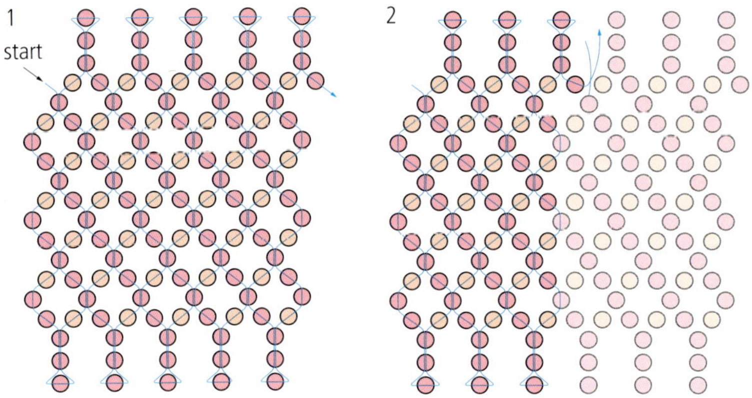

Toho rokajl ve světle růžové metalické, ∅ 2,2 cm

Toho rokajl v růžové metalické, ∅ 2,2 cm

malá perla

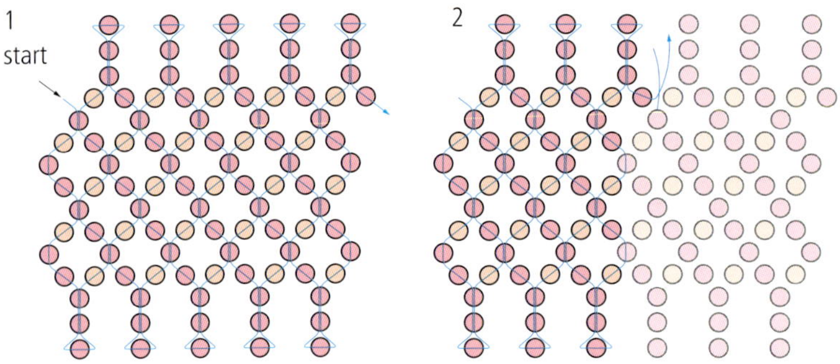

Nádherné prstýnky

strana 8

- Delica v modré metalické, světle hnědé nebo modrofialové, ∅ 2 mm
- Delica v šedé, zlaté nebo zlaté AB,∅ 2 mm

1

start

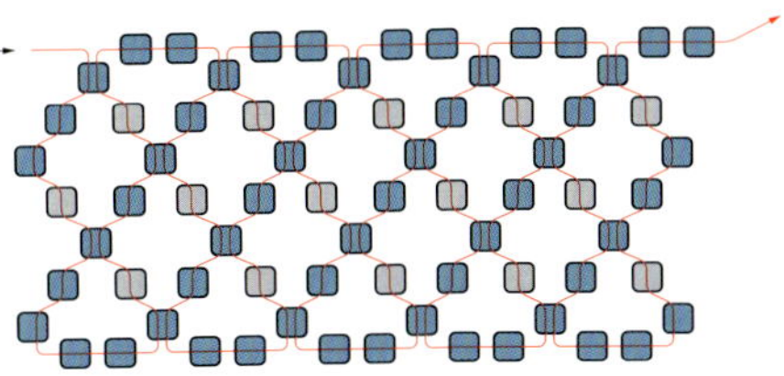

2

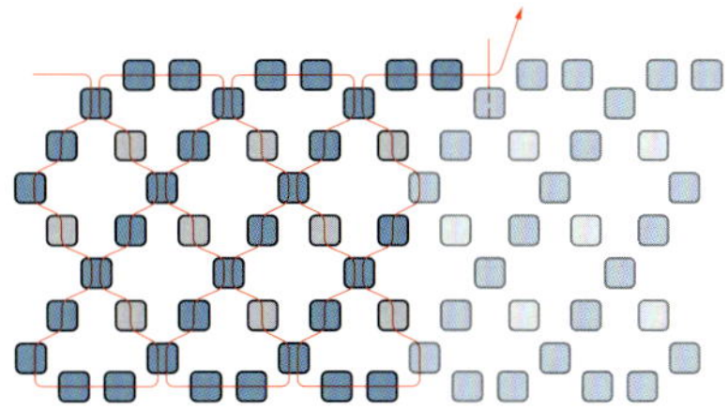

Jemné sady

strana 10

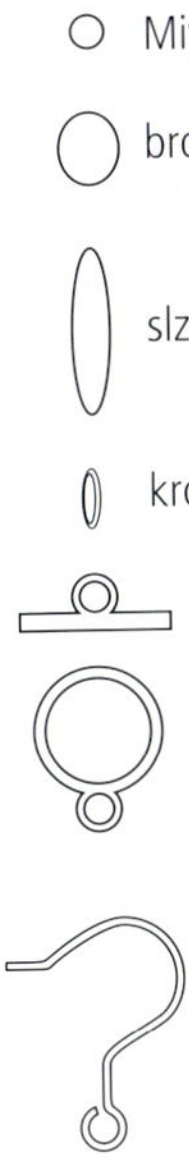

Miyuki rokajl, ∅ 2,2 mm

broušený korálek, ∅ 4 mm

slza, 11 mm

kroužek, ∅ 4 mm

uzávěr

náušnicový háček

náhrdelník

start

1

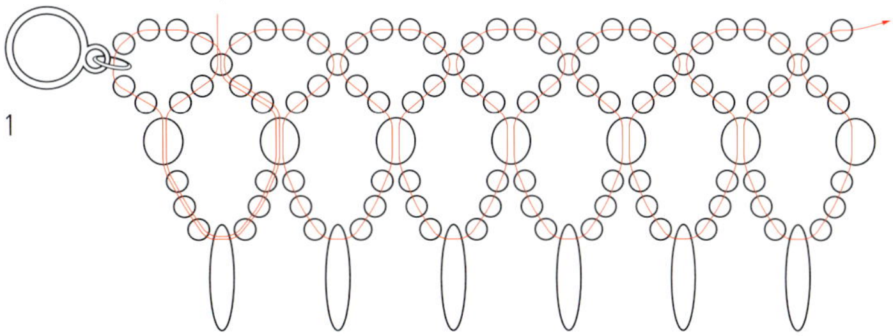

2

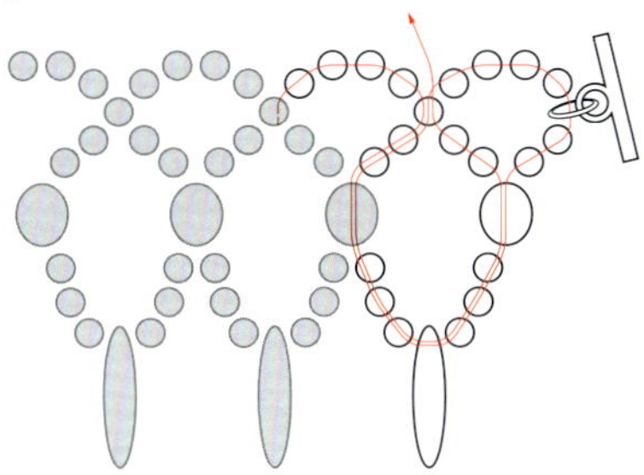

náušnice

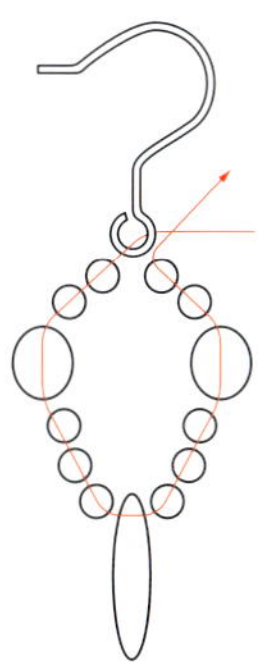

Třpytivá souprava v modro-křišťálové

strana 12

▢ Delica, ∅ 2 mm

⬡ Swarovski® broušený korálek, ∅ 4 mm

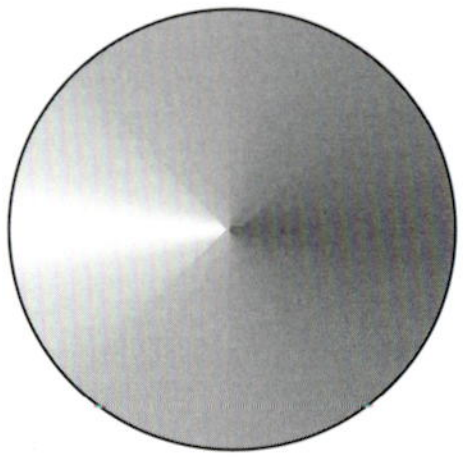

Swarovski® Rivoli, ∅ 14 mm

přívěsek a střed prstýnku
horní strana

1

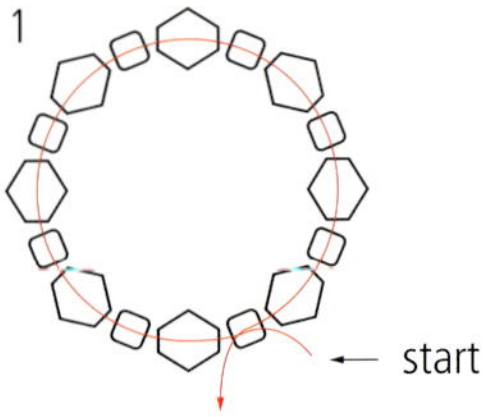

2

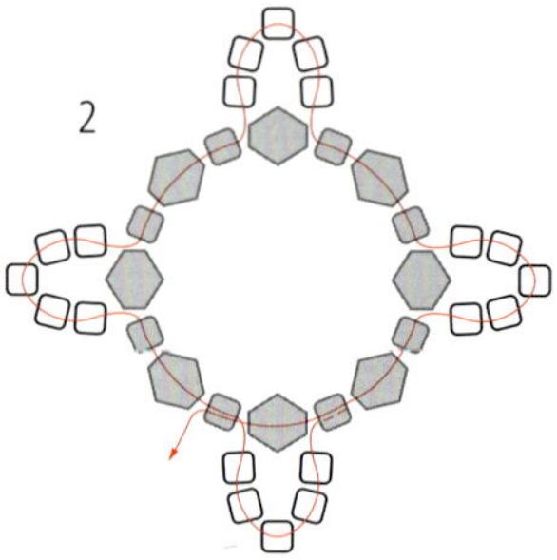

3

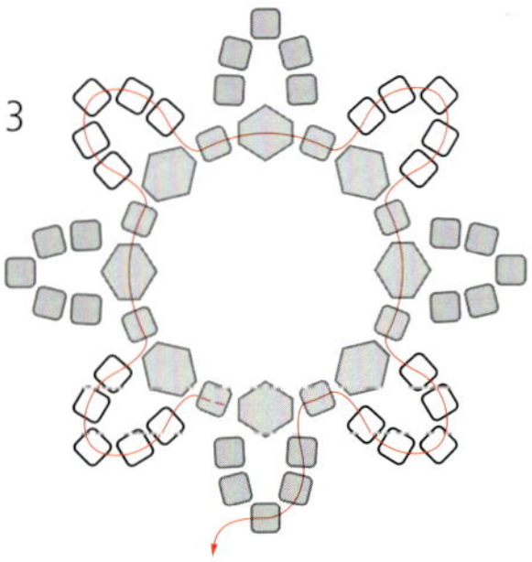

4

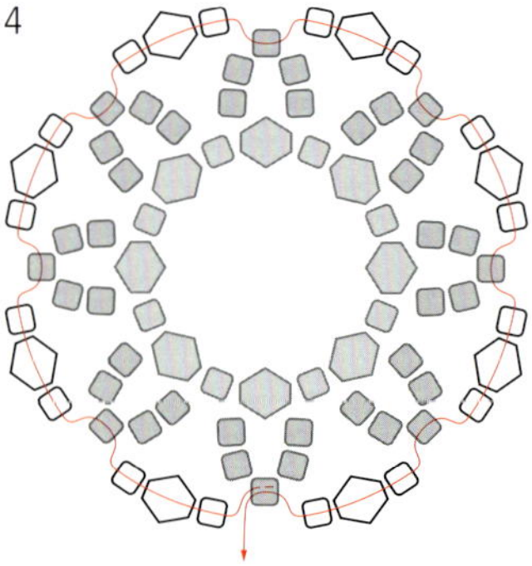

5

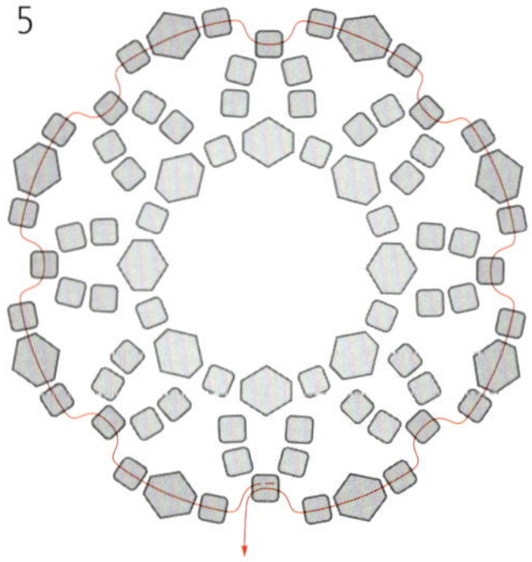

spodní strana

6

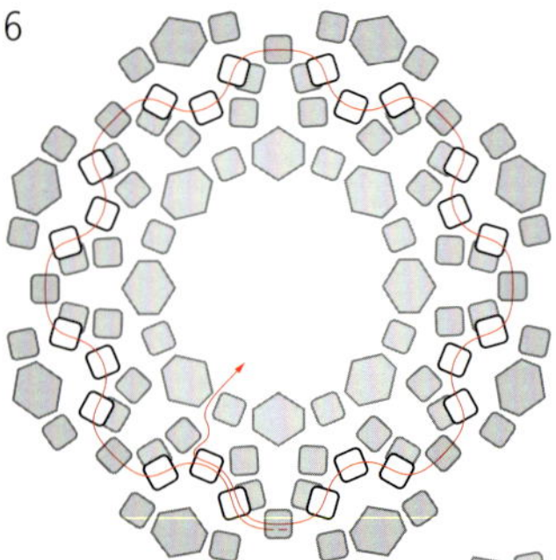

7

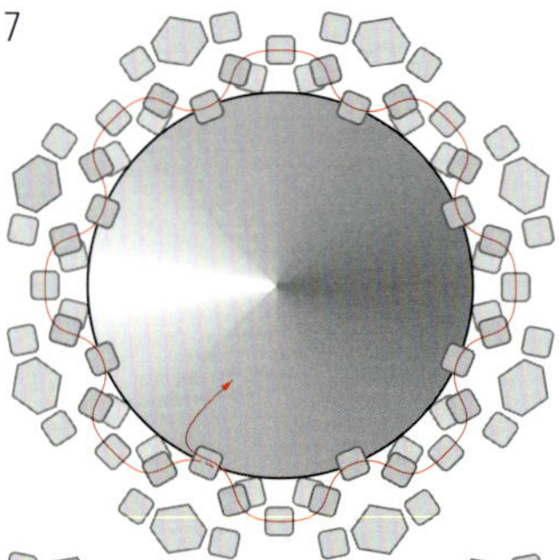

8

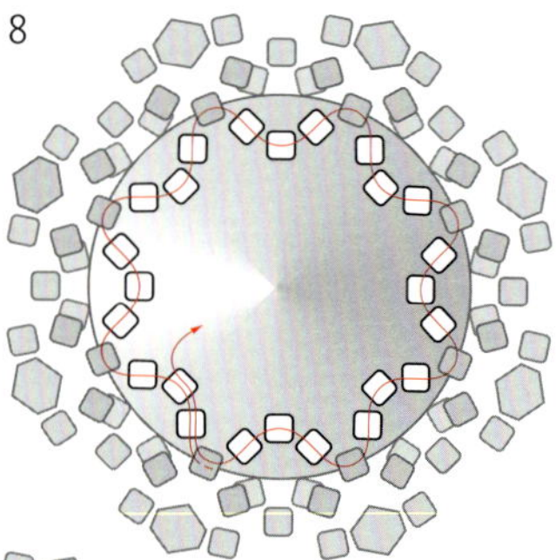

9

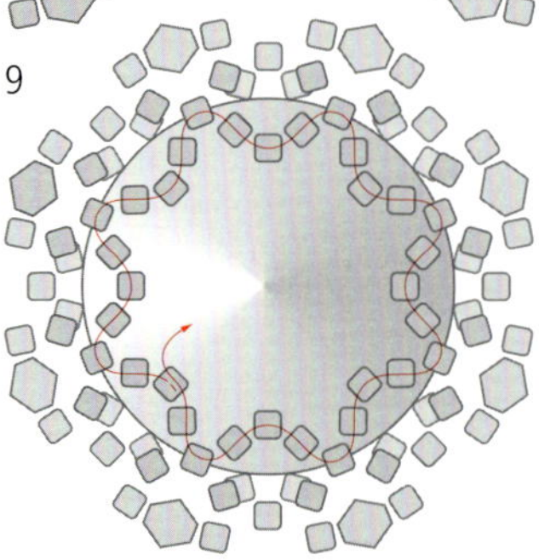

10

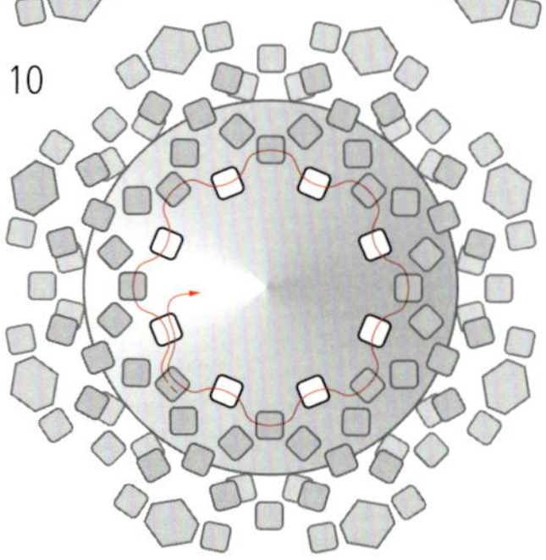

spodní strana

11

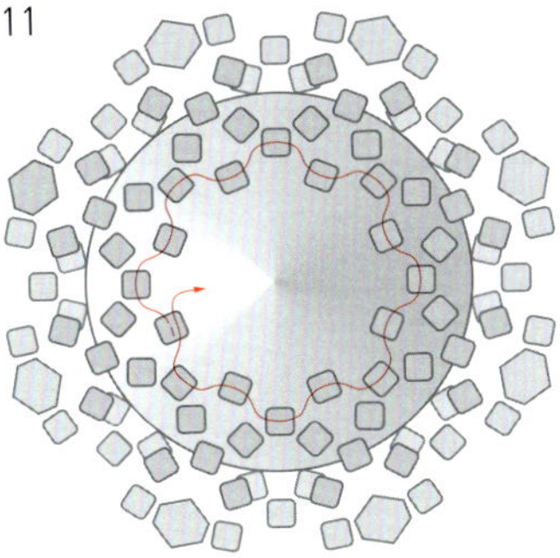

12

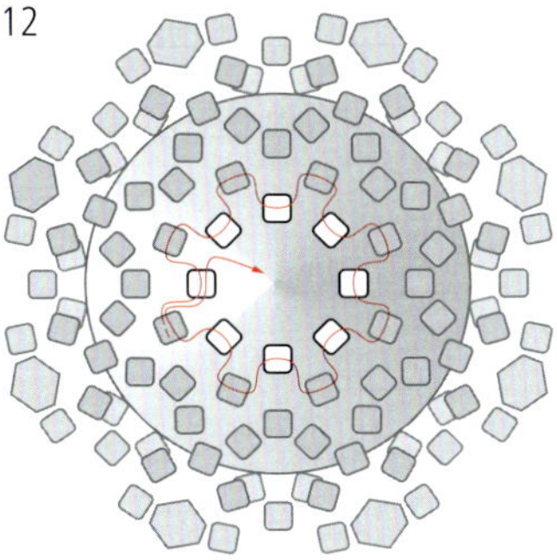

13

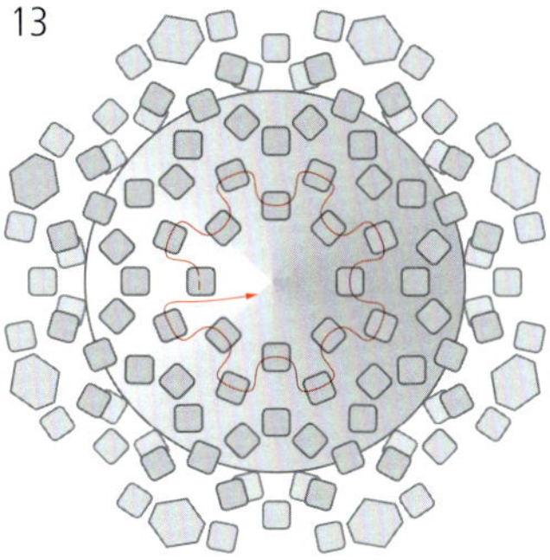

14 a

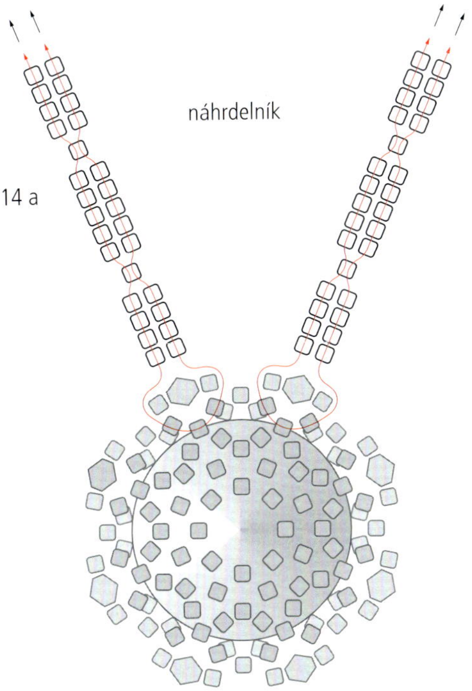

Jednoduché náramky

strana 14

○ Miyuki rokajl, ∅ 2,2 mm

◯ voskový korálek nebo Cat-Eye korálek, ∅ 4 mm

1

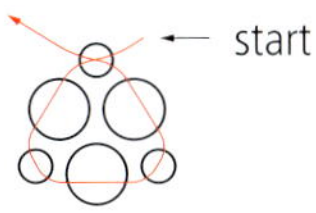

2

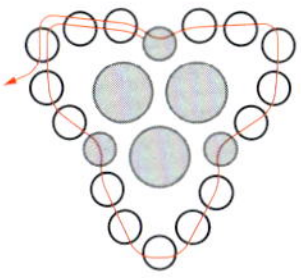

3

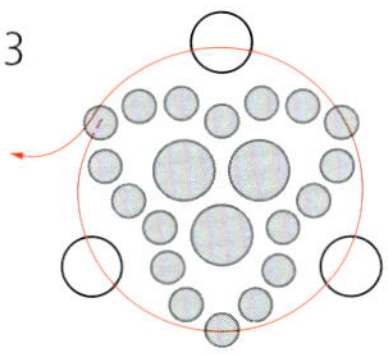

Třpytivá souprava v modro-křišťálové

strana 12

obroučka prstenu

14 b

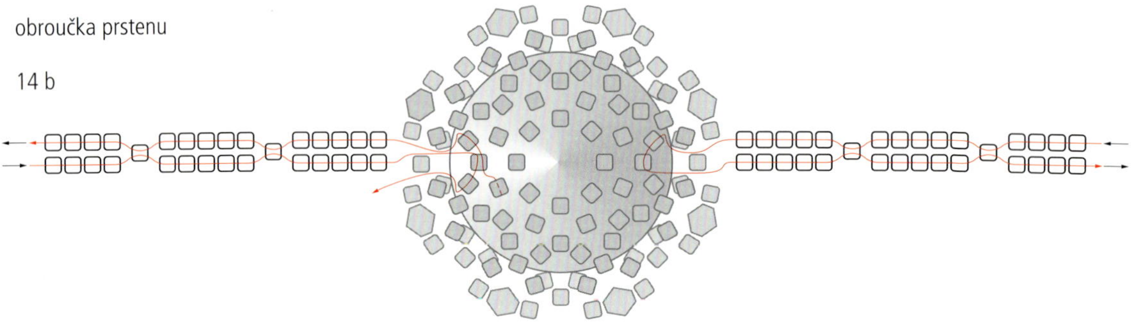

14 c

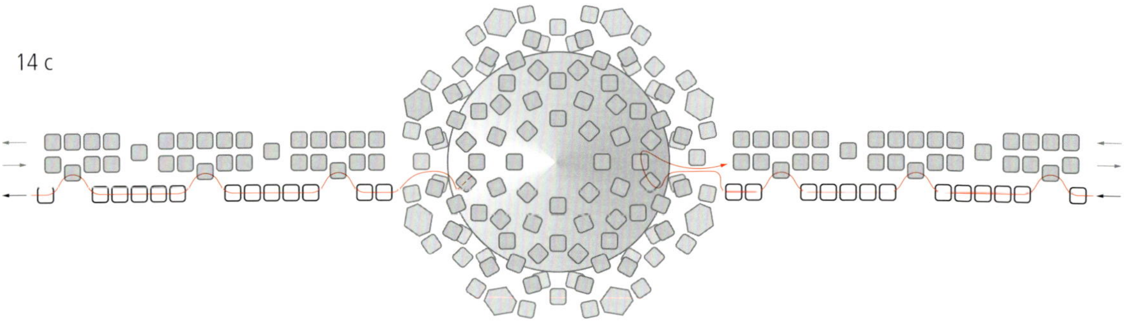

Módní náhrdelník

strana 16

malý, střední a velký korálek

- Toho rokajl, ∅ 2,2 mm
- voskový korálek, ∅ 4 mm
- voskový korálek, ∅ 6 mm
- voskový korálek, ∅ 8 mm

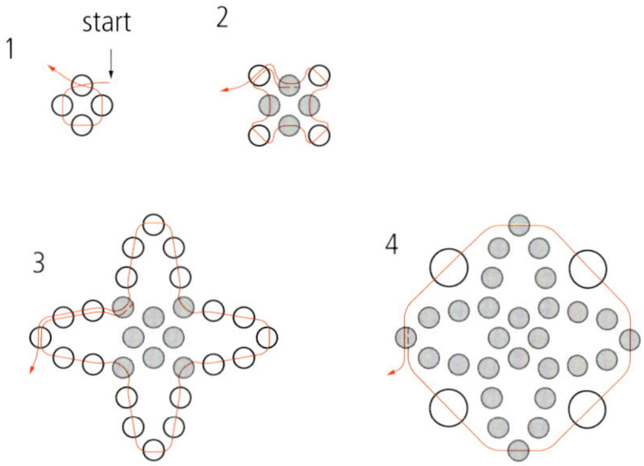

Módní náhrdelník

strana 16

pokračování malý korálek

5

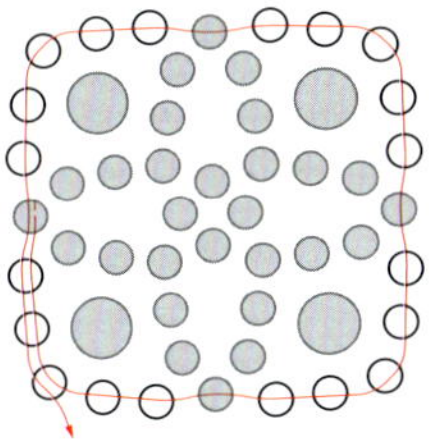

6

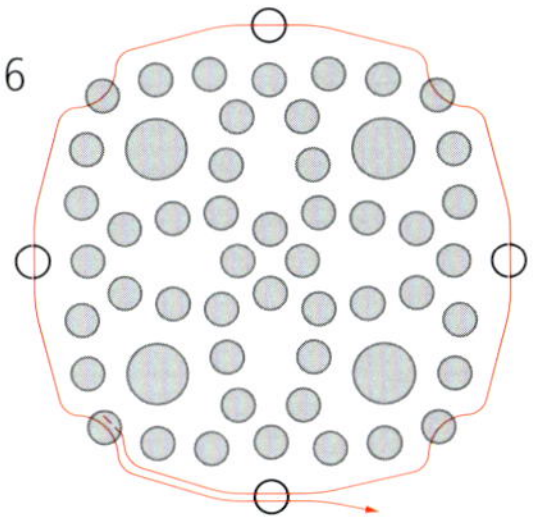

7

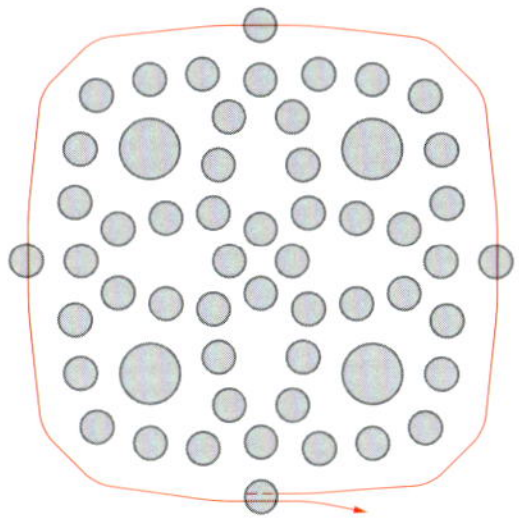

pokračování střední korálek

5

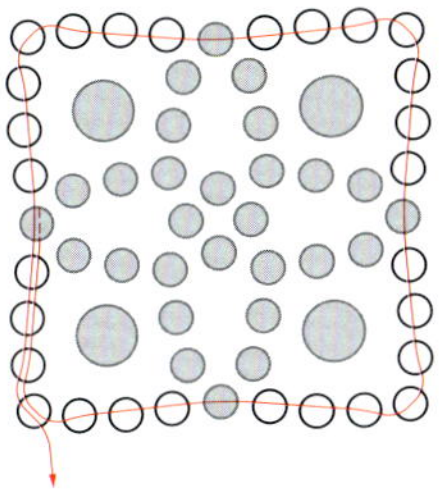

6

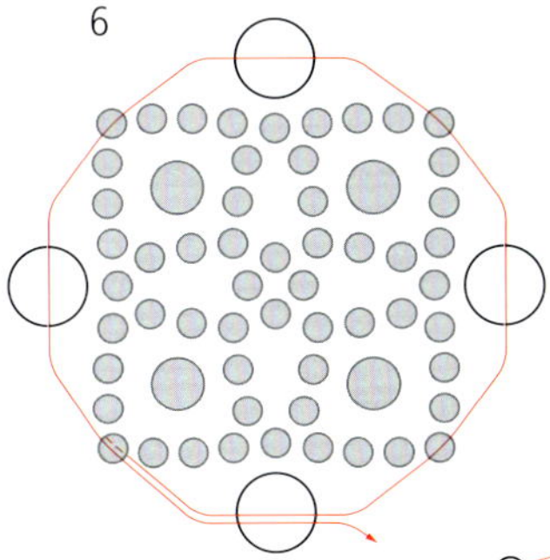

7

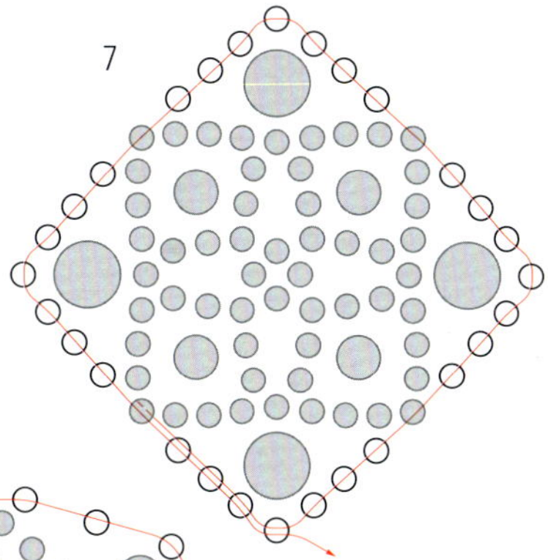

8

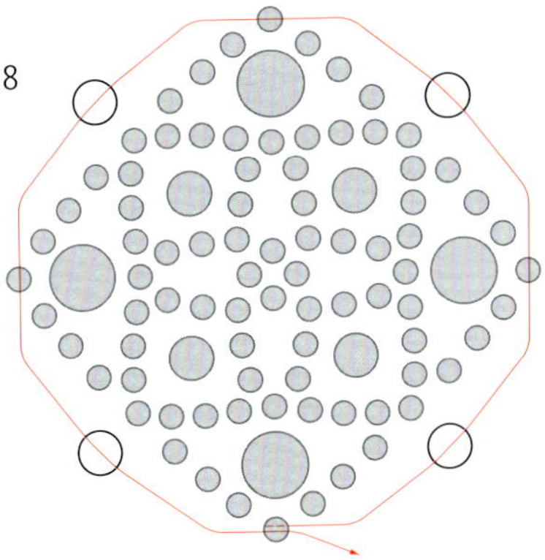

9

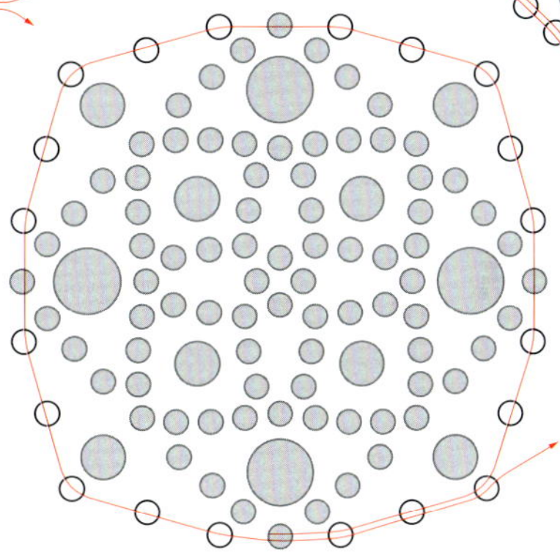

10

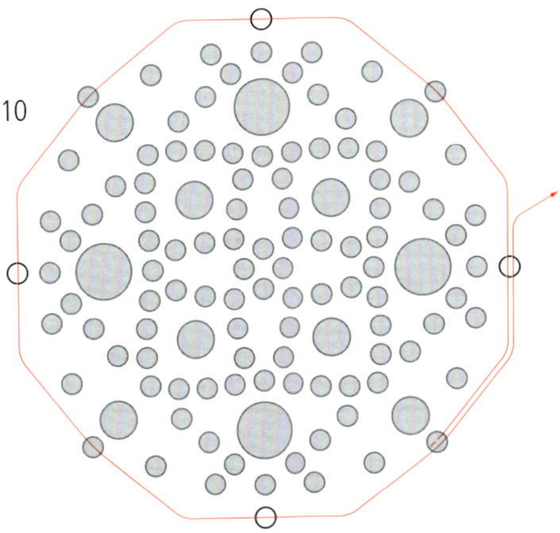

11

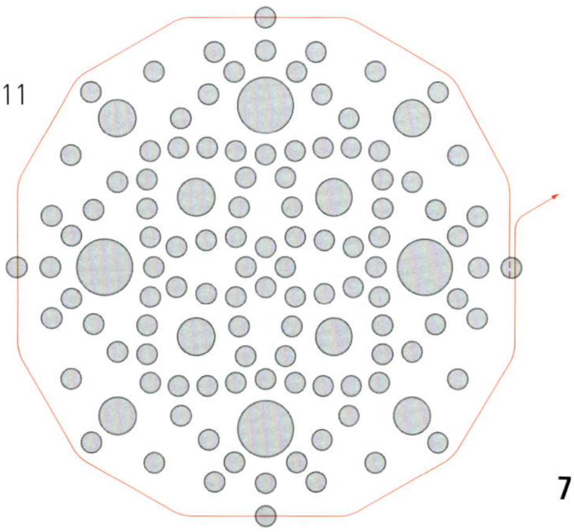

Módní náhrdelník

strana 16

pokračování velký korálek

5

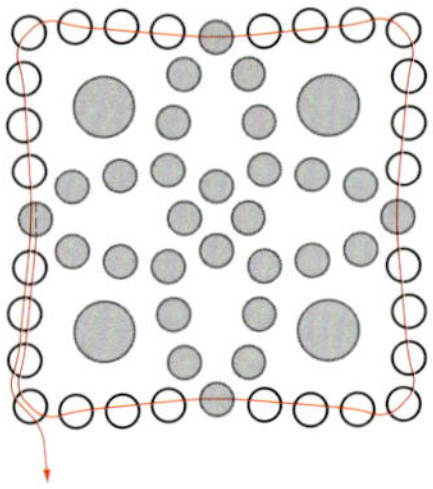

6

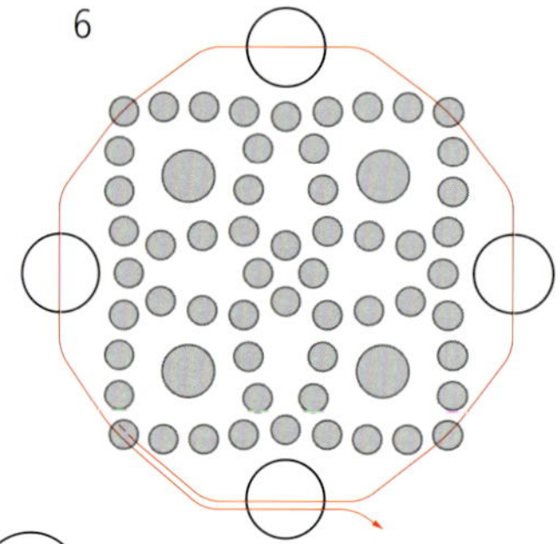

7

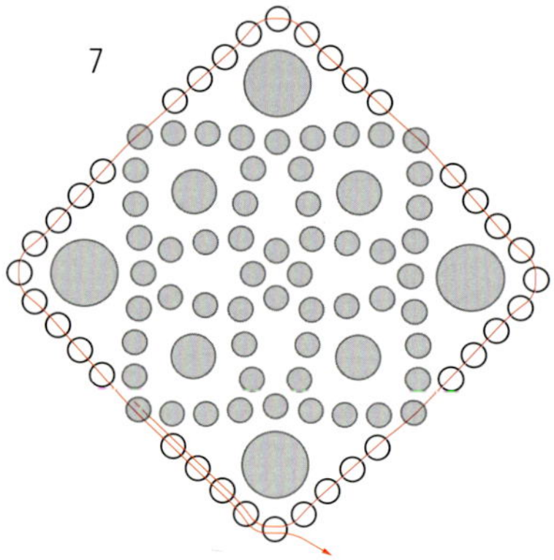

8

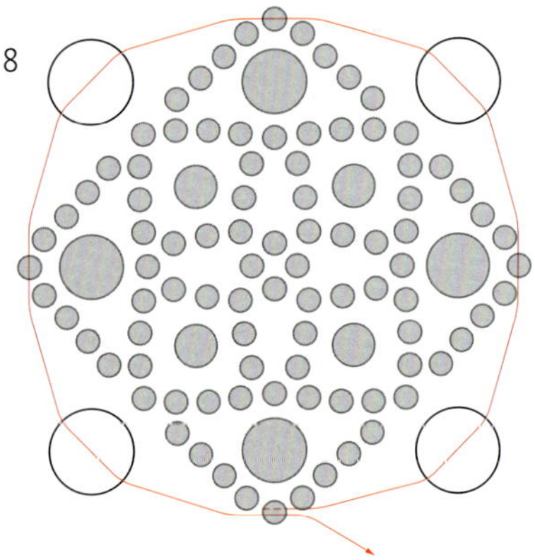

9

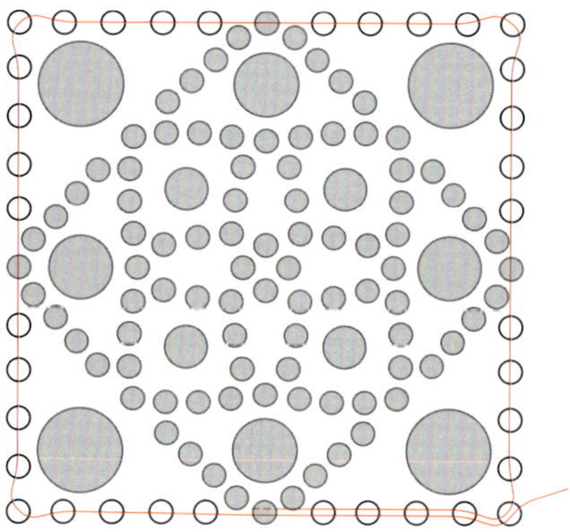

10

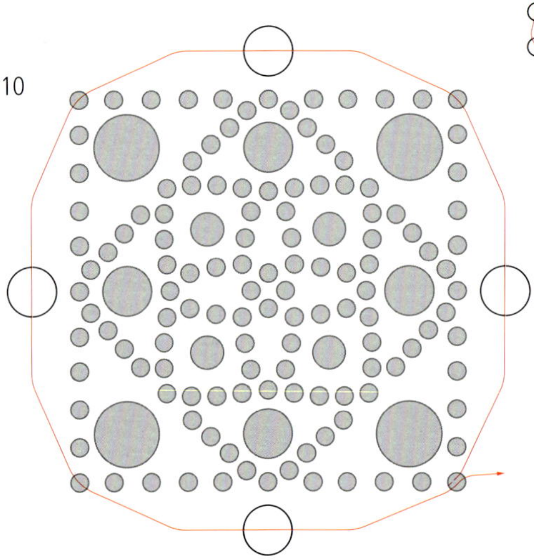

11

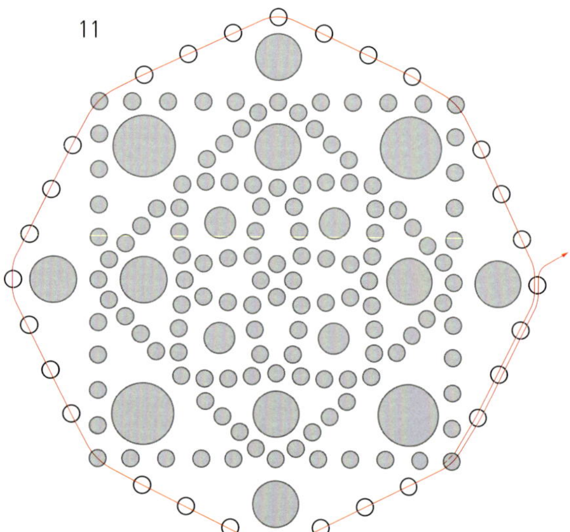

12

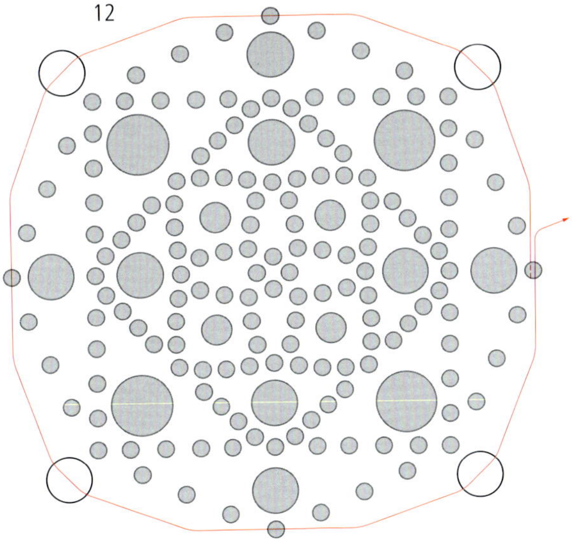

13

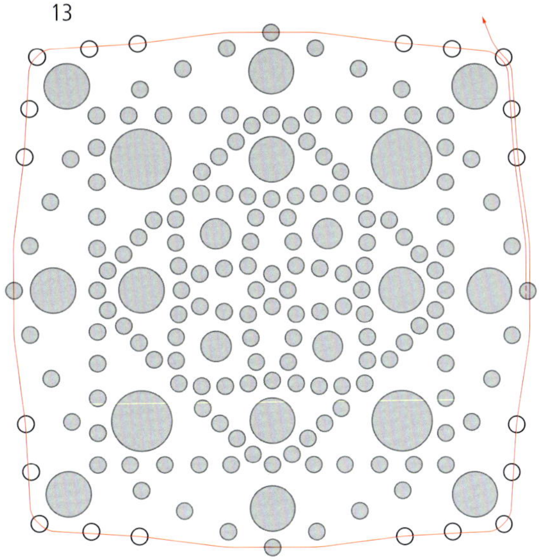

14

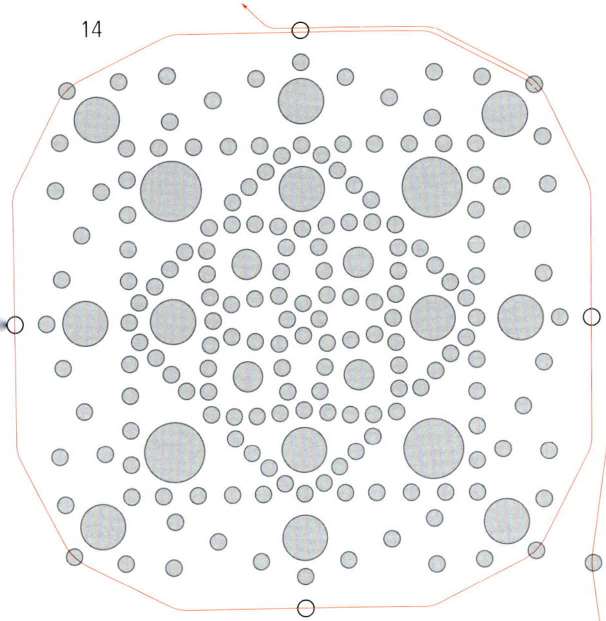

15

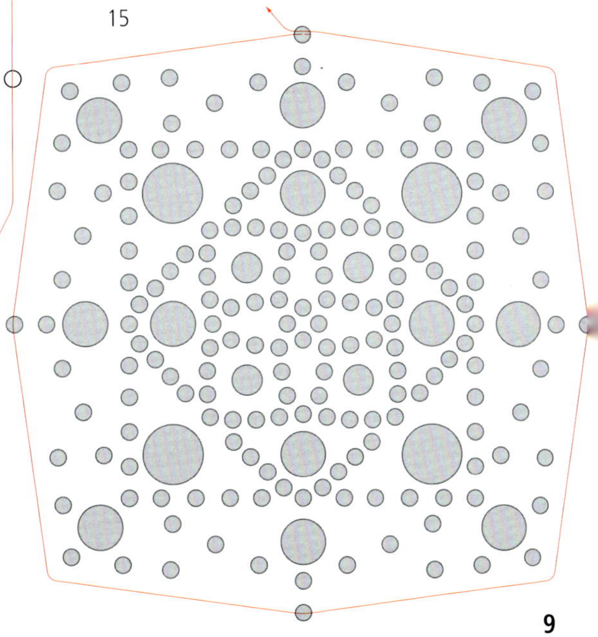

Elegantní souprava

strana 18

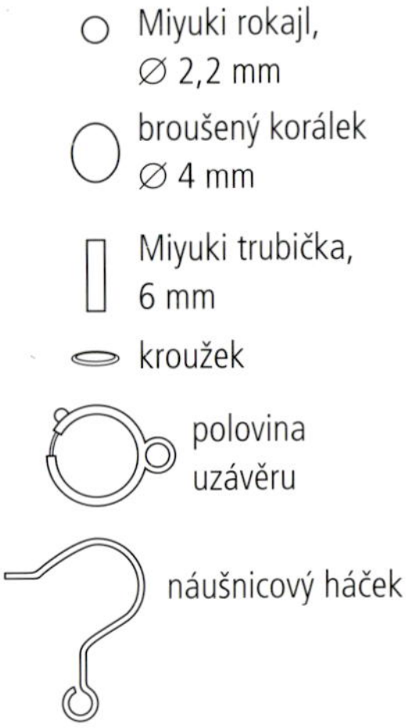

Náhrdelník

1

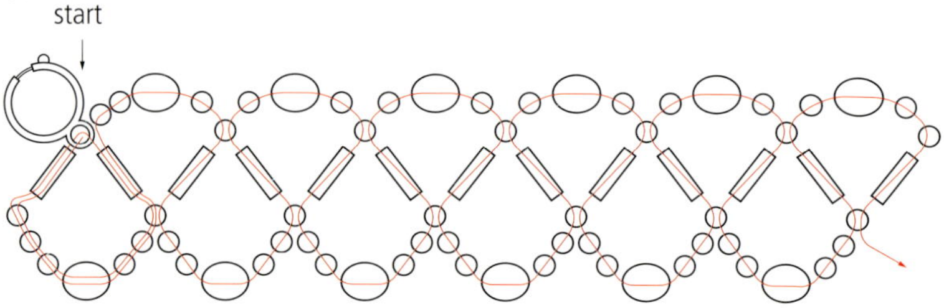

2

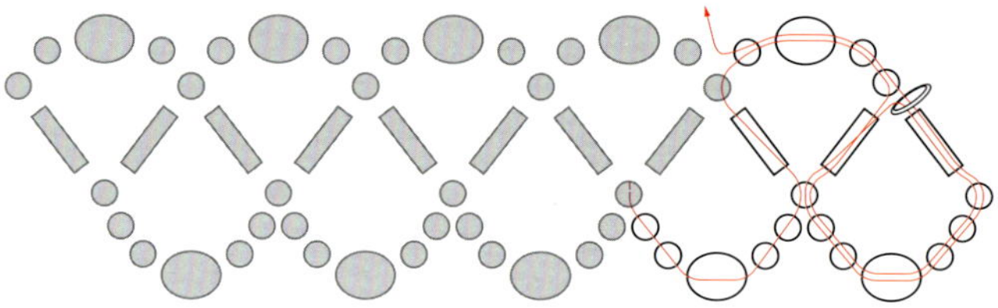

Náramek

1

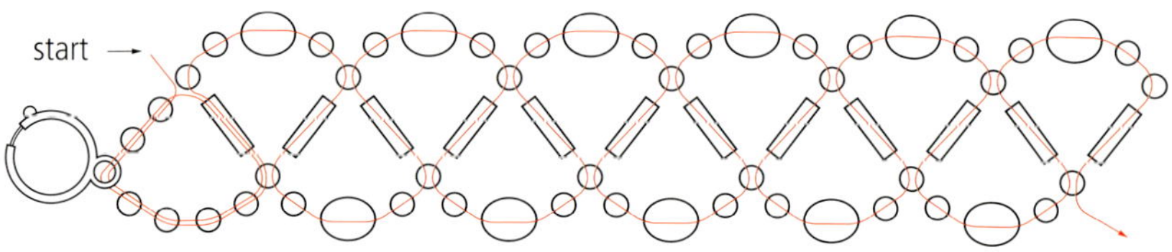

2

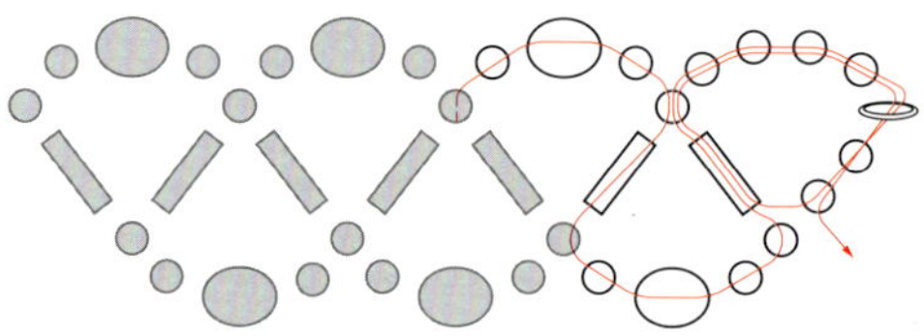

Náušnice

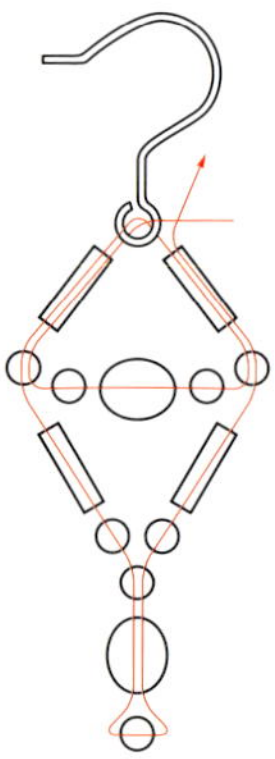

Stylové náramky

strana 20

Fialový náramek

○ Miyuki rokajl, ∅ 2,2 mm

⬡ Swarovski® korálek, ∅ 4 mm

polovina uzávěru

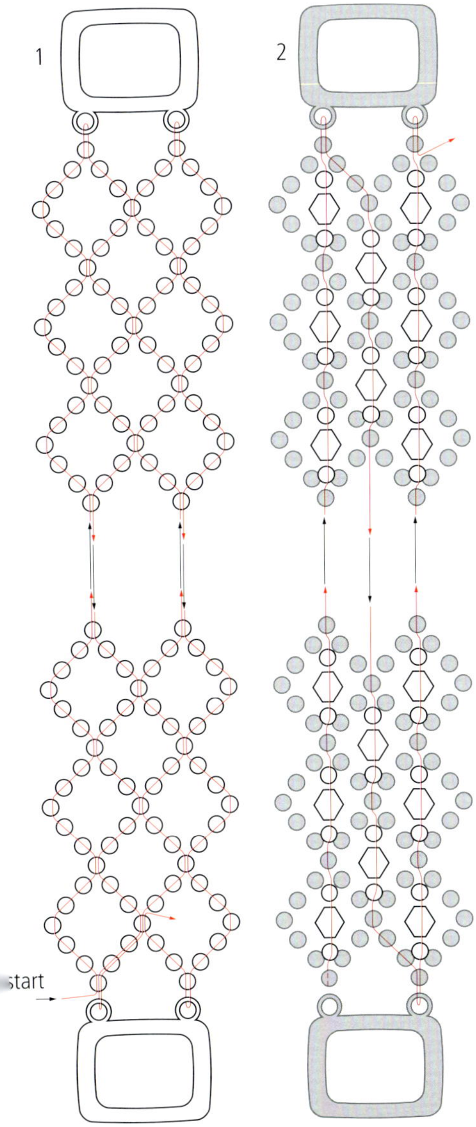

Ametystový náramek

○ Miyuki rokajl, ∅ 2,2 mm

⬯ broušený korálek, ∅ 4 mm

polovina uzávěru

Stylové náramky

strana 20

Náramek v barvě lesního ovoce

- ○ Miyuki rokajl, ∅ 2,2 mm
- ◯ voskový korálek, ∅ 4 mm

polovina uzávěru

1

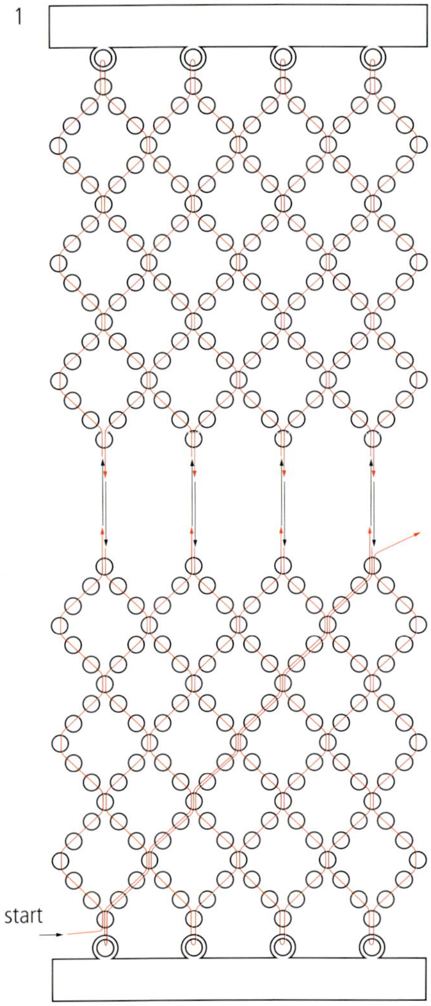

2

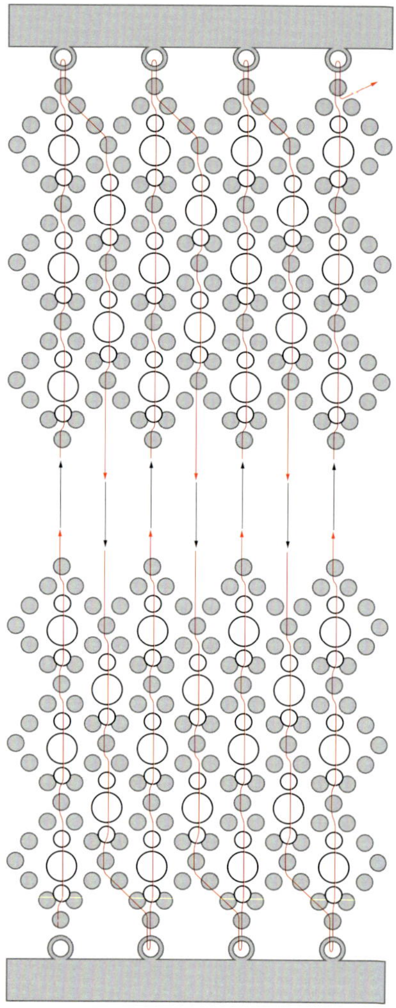

Barevné dutinky

strana 22

Náhrdelník v zeleno-oranžovém odstínu

- Miyuki rokajl ve světle zelené, ∅ 2,2 mm
- korálek Miracle ve světle zelené a oranžové, ∅ 4 mm

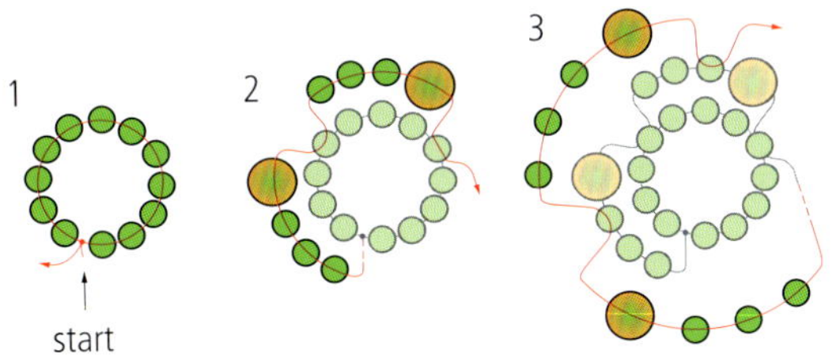

Náhrdelník v oranžových odstínech

- Toho rokajl v oranžové metalické, ∅ 2,2 mm
- voskový korálek ve světle oranžové, ∅ 4 mm
- voskový korálek v oranžové, ∅ 4 mm
- voskový korálek v červené, ∅ 4 mm

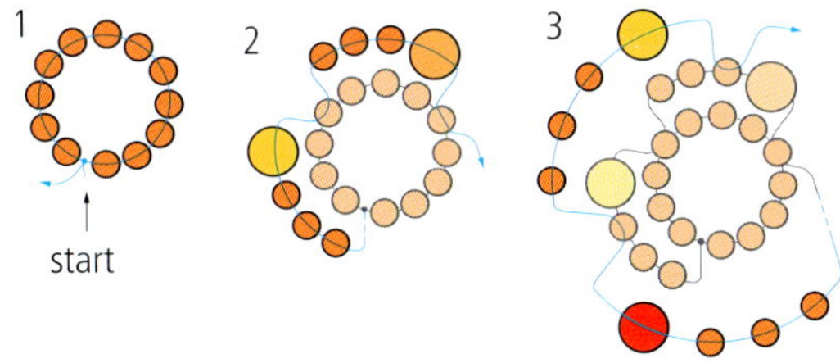

Široké náramky

strana 24

- Delica, ∅ 2,2 mm
- skleněný zlomek

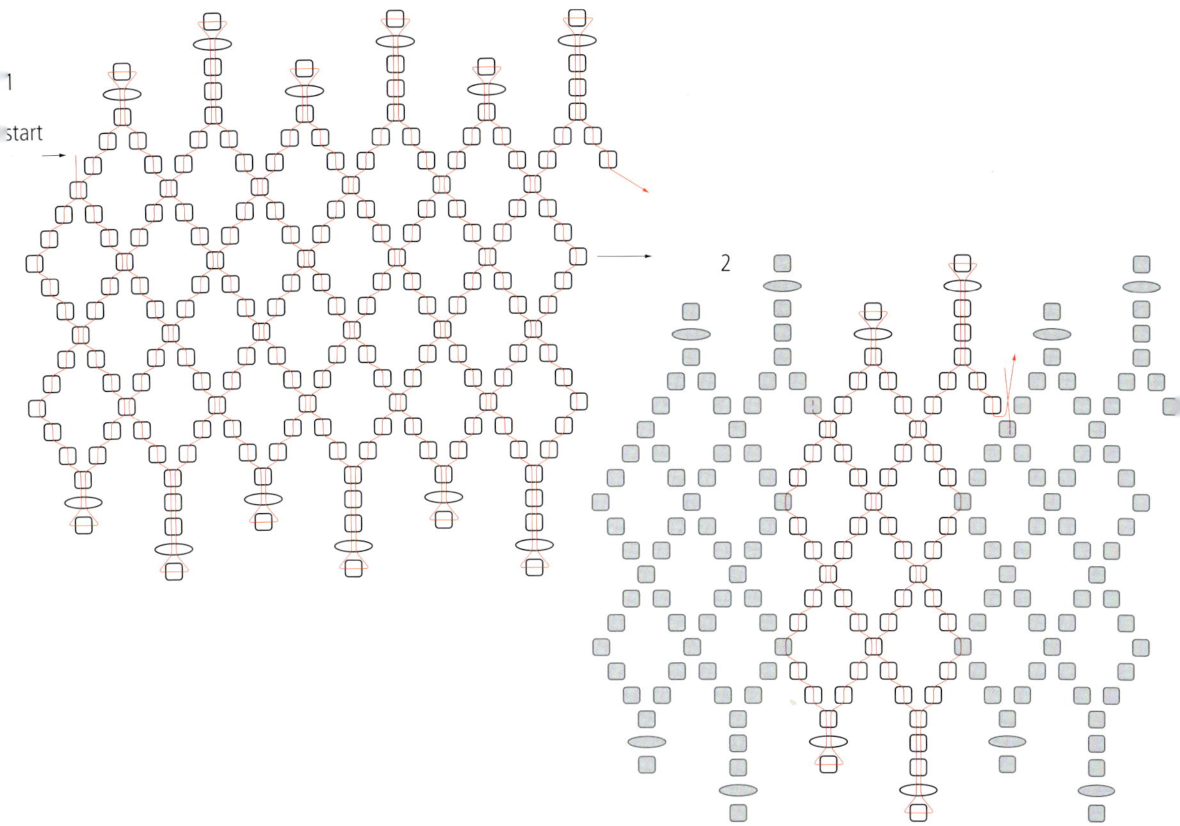

Zářivé prsteny
strana 26

Delica, ∅ 2 mm
korálek, ∅ 4 mm

1

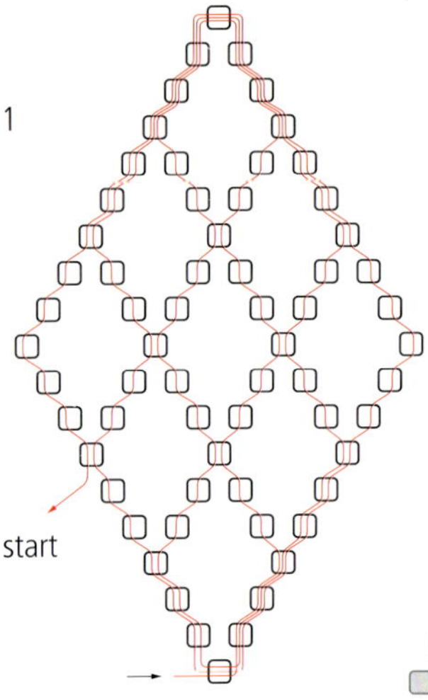

2

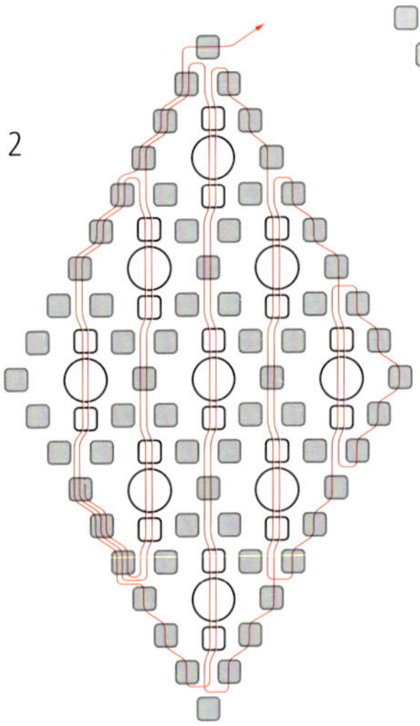

3

Náhrdelník s náušnicemi
strana 28

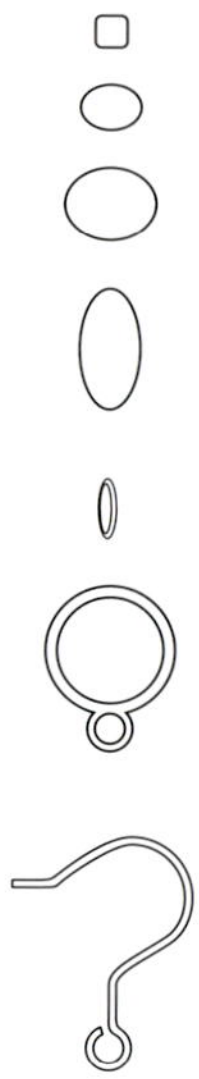
Delica, ∅ 2 mm
broušený korálek, ∅ 4 mm
broušený korálek, ∅ 6 mm
slza, 8 mm
kroužek, ∅ 6 x 4 mm
polovina uzávěru
náušnicový háček

Náušnice

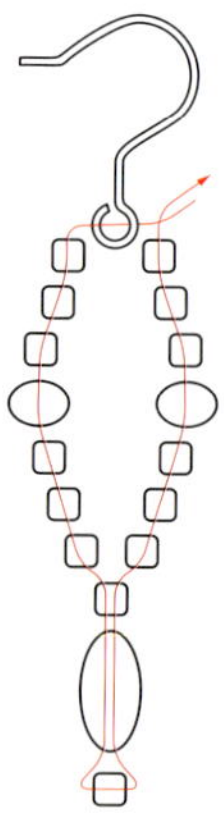

Náhrdelník

1

start

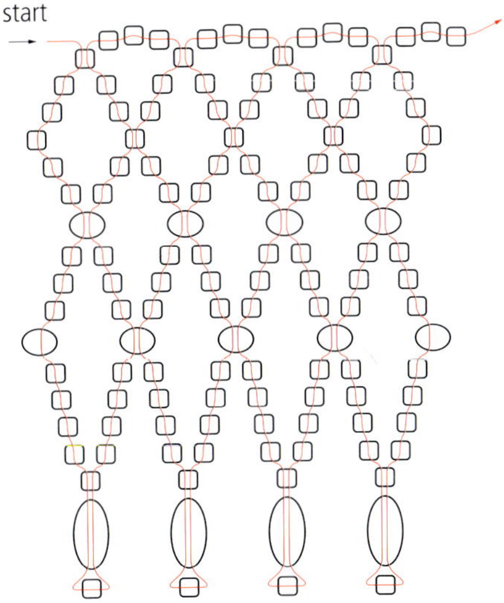

2

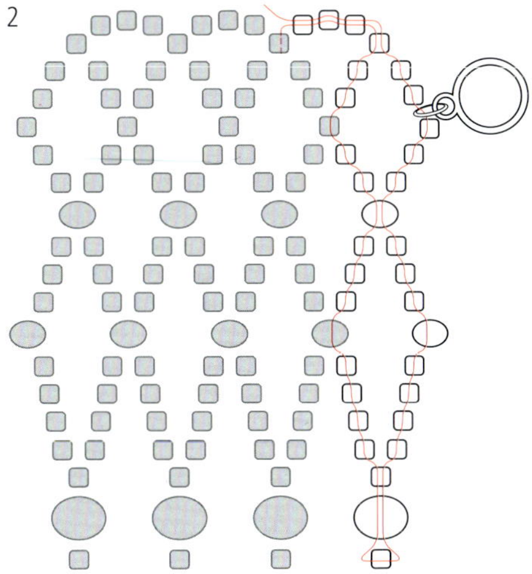

3

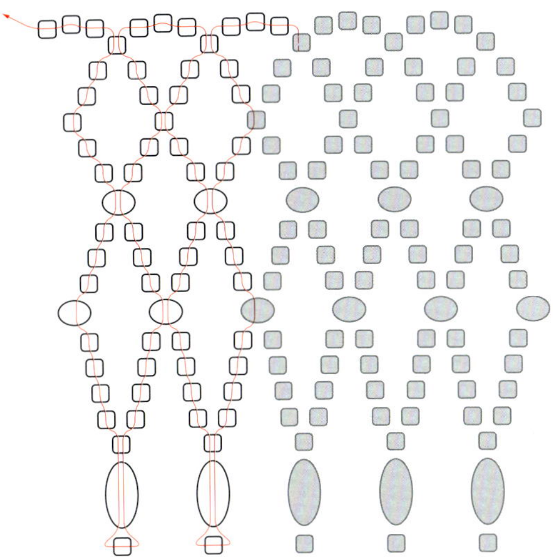

Rafinované spirály

strana 30

- světle modrý rokajl, ∅ 2,6 mm
- tyrkysový rokajl, ∅ 2,6 mm
- modrý rokajl, ∅ 2,6 mm
- světle modrá kostka, 3 x 3 mm
- tyrkysová kostka, 3 x 3 mm
- modrá kostka, 3 x 3 mm

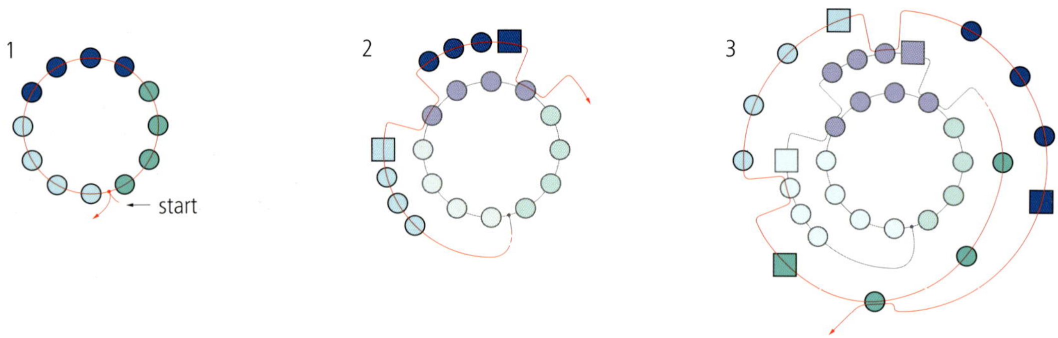

Stylové šperky

**technikou síťového stehu
z japonských rokajlů a korálků DELICA**

Objednací číslo: 3965

Předloha

Elegantní souprava

v teplých hnědých barvách

DÉLKA

Náhrdelník asi 44 cm

Náramek asi 18,5 cm

Náušnice asi 2 cm

MATERIÁL

* pevná černá nebo hnědá navlékací nit

DODATEČNĚ NA NÁHRDELNÍK

* asi 97 broušených průsvitných korálků v bronzové, ∅ 4 mm
* trubičky Miyuki tmavě hnědé se stříbrným průtahem, 6 mm dlouhé, asi 3 g
* rokajly Miyuki se stříbrným průtahem v tmavě hnědé, ∅ 2,2 mm (10/0), asi 6 g
* staroměděný uzávěr

DODATEČNĚ NA NÁRAMEK

* asi 40 broušených bronzových průsvitných korálků, ∅ 4 mm
* trubičky Miyuki tmavě hnědé se stříbrným průtahem, 6 mm dlouhé, asi 1 g
* rokajly Miyuki se stříbrným průtahem v tmavě hnědé, ∅ 2,2 mm (10/0), asi 2 g
* staroměděný uzávěr

DODATEČNĚ NA NÁUŠNICE

* 4 broušené bronzové průsvitné korálky, ∅ 4 mm
* 8 trubiček Miyuki tmavě hnědých se stříbrným průtahem, 6 mm dlouhých
* 16 rokajlů Miyuki se stříbrným průtahem v tmavě hnědé, ∅ 2,2 mm (10/0), asi 2 g
* 2 staroměděné náušnicové háčky

NÁKRESY NAVLÉKÁNÍ
STRANA 10

Náhrdelník

1 Jednu 2,5 m dlouhou nit navlékněte do jehly a asi 15 cm konec nechejte volný. Náhrdelník vypracujte podle nákresu 1 a jednotlivé pořadí korálků stále opakujte.

2 Po dosažení potřebné délky podle nákresu 2 navlékněte druhou polovinu uzávěru. Konec nití zašijte a odstřihněte.

Náramek

1 Jednu 1,3 m dlouhou nit navlékněte do jehly a asi 15 cm konec nitě nechejte volný. Stále pracujte podle nákresu 1, pořadí korálků opakujte.

2 Po dosažení potřebné délky připevněte podle nákresu 2 druhou část uzávěru. Konce nitě zapošijte a odstřihněte.

Náušnice

Pracujte podle nákresu nití dlouhou 30 m. Nitě v místě spojení zauzlujte a několika meziuzly v protisměru je zapošijte. Druhou náušnici vypracujte stejně.

Stylové náramky

v opulentní fialové

DÉLKA

Fialový náramek asi 18 cm

Ametystový náramek asi 18 cm

Náramek v barvě lesního ovoce asi 16 cm

MATERIÁL

FIALOVÝ NÁRAMEK

* 50 fialových broušených korálků Swarovski®, ∅ 4 mm
* rokajly Miyuki se stříbrným průtahem v tmavě fialové, ∅ 2,2 mm (10/0), asi 6 g
* dvouřadý platinový uzávěr
* pevná bílá nebo fialová nit

AMETYSTOVÝ NÁRAMEK

* 93 broušených korálků v ametystovém provedení jemně postříbřených, ∅ 4 mm
* rokajly Miyuki se stříbrným průtahem ve světle ametystové, ∅ 2,2 mm (10/0), asi 11 g
* trojřadý platinový magnetický uzávěr
* pevná bílá nebo fialová nit

NÁRAMEK V BARVĚ LESNÍHO OVOCE

* 123 průsvitných voskových skleněných korálků ve fialové, ∅ 4 mm
* rokajly Miyuki s fialovomodrým průtahem, ∅ 2,2 mm (10/0), asi 12 g
* čtyřřadý platinový magnetický uzávěr
* pevná zelená nebo fialová nit

NÁKRESY NAVLÉKÁNÍ STRANY 11/12

Fialový náramek

1 Do jehly navlékněte nit dlouhou 2,5 m a s navlékáním začněte v jejím středu. V první polovině nitě postupujte podle nákresu 1 a vytvořte základní síť. Navlékněte přitom pro první lícovou řadu celkem 103 rokajlů.

2 Druhou polovinou nitě vypracujte podle nákresu 2 nástavbu z korálků Swarovski®. Podle potřeby navlékněte oba vnější okraje náramku dvojitě. Konce nitě zapošijte.

Ametystový náramek

1 Nit dlouhou 3,5 m navlékněte do jehly a s vypracováním náramku začněte v jejím středu. Na první polovinu nitě navlékněte korálky podle nákresu 1 a vypracujte základní síť. Pro první lícovou řadu navlékněte celkem 115 rokajlů.

2 Druhou polovinou nitě vypracujte nástavbu z broušených korálků podle nákresu 2. Podle potřeby můžete oba vnější okraje náramku vypracovat dvojitě. Konce nitě zapošijte.

Náramek v barvě lesního ovoce

1 Nit dlouhou 4,5 m navlékněte do jehly a s vypracováním náramku začněte v jejím středu. První polovinu nitě šijte podle nákresu 1 a vypracujte základní síť. Pro první lícovou řadu navlékněte celkem 109 rokajlů.

2 Druhou polovinou nitě navlékněte nástavbu z voskových korálků podle nákresu 2. Podle potřeby můžete oba vnější okraje náramku vypracovat dvojitě. Konce nitě zapošijte.

Náš tip:

Pokud potřebujete náramek delší nebo naopak kratší, zvyšte nebo snižte počet počátečních korálků navléknutých v kroku 1 o šest nebo o násobky šesti.

Barevné dutinky

v teplých oranžových a zelených odstínech

DÉLKA

Náhrdelník v oranžových odstínech asi 44 cm

Náhrdelník v zeleno-oranžových odstínech asi 47 cm

MATERIÁL

* pevná zelená nebo oranžová nit

DODATEČNĚ NA NÁHRDELNÍK V ORANŽOVÝCH ODSTÍNECH

* asi po 105 voskových průsvitných korálcích ve světle oranžové, oranžové a červené, ∅ 4 mm
* rokajly Toho v oranžové metalické, ∅ 2,2 mm (11/0), asi 9 g
* zlatý jednořadý uzávěr

DODATEČNĚ NA NÁHRDELNÍK V ZELENO-ORANŽOVÉ

* asi 300 korálků Miracle-Bead ve světle zeleno-oranžové, ∅ 4 mm
* rokajly Miyuki ve světle zelené se stříbrným průtahem, ∅ 2,2 mm (10/0), asi 12 g
* jednořadý platinový uzávěr

NÁKRESY NAVLÉKÁNÍ STRANA 13

1 Do jehly navlékněte nit dlouhou 2 m a její konec (asi 30 cm) nechejte volný. Pak navlékněte 12 rokajlů (nákres 1) a konce nitě zauzlujte tak, aby vznikl kroužek.

2 Podle nákresu 2 navlékněte první dva obloučky. Pak pokračujte podle nákresu 3, který pravidelně opakujte. U oranžového náhrdelníku dodržujte barevné pořadí voskových korálků tak, že volíte vždy barvu vespod ležící řady. Nit napínejte, aby náhrdelník nebyl příliš volný. Tři obloučky se pak opakovaně kroutí kolem sebe.

3 Pokud vám již nezbývá žádná nit, připevněte novou. Novou nit proto provlékněte všemi korálky horní řady. Začněte korálkem, který následuje za rokajlem, z nějž vychází předešlá nit, a ukončete rokajlem, z nějž předešlá nit vychází. Oba konce nitě zauzlujte a pokračujte pak již novou nití.

4 Po dosažení potřebné délky náhrdelníku navlékněte pro poslední tři obloučky tři rokajly a obvyklým způsobem je prošijte. Vznikne kroužek z rokajlů jako na začátku.

5 Pak navlékněte dva rokajly a nit provlékněte očkem jedné poloviny uzávěru. Navlékněte další dva rokajly a nit veďte naproti ležícím rokajlem poslední řady. Pak nit provlékněte zpět navléknutými korálky a očkem uzávěru. Znovu provlékněte rokajlem a dvěma sousedícími rokajly poslední řady, opět navlékněte dva rokajly, provlékněte očkem jedné části uzávěru, navlékněte další dva rokajly a nit pak provlékněte naproti ležícím rokajlem poslední řady. Nit veďte rokajly a očkem zpět a znovu stejným směrem ji veďte předtím opuštěným rokajlem. Pokud máte tenkou nit, tento krok opakujte. Druhý konec náhrdelníku uzavřete stejně a konce nitě pořádně zapošijte.

Široké náramky

s jemnou sítí

DÉLKA
asi 16 – 18 cm

MATERIÁL
* černá gumička, ∅ 0,6 mm
* jehla Big-Eye
* zapalovač

DODATEČNĚ NA ČERNOČERVENÝ NÁRAMEK
* asi 52 červených třpytivých skleněných zlomků
* černé matné korálky Delica, ∅ 2,2 mm (10/0), asi 8 g

DODATEČNĚ NA MODROFIALOVÝ NÁRAMEK
* asi 52 fialových třpytivých skleněných zlomků
* modrofialové matné korálky Delica, ∅ 2,2 mm (10/0), asi 8 g

NÁKRESY NAVLÉKÁNÍ STRANA 13

1 Gumičku dlouhou 2,8 m navlékněte do jehly a s vypracováním náramku začněte v polovině gumičky. První polovinu náramku vypracujte podle nákresu 1 a jednotlivé pořadí korálků stále opakujte, dokud vám nezbude pouze 5 cm kousek gumičky.

2 Ušitou část náramku obraťte a pokračujte dále i druhou polovinou gumičky, opět podle nákresu 1. Dávejte pozor na průběh vzorku a na to, aby nebyl na náramku patrný přechod.

3 Po dosažení potřebné délky začátek a konec náramku podle nákresu 2 spojte. I zde dávejte pozor na průběh vzorku a nezřetelný přechod. Pokud je to nutné, doplňte ještě dvě řady. Konce gumičky zauzlujte tkalcovským nebo dvojitým uzlem, zkraťte a pomocí zapalovače zatavte (viz strany 4/5).

Náš tip:

Zkuste tento vzor vypracovat třeba i korálky Miyuki nebo Toho, místo zlomků můžete použít i vodní perly, dřevěné korálky či úlomky vzácných kamenů.

Zářivé prsteny

tři varianty

DÉLKA
libovolná

MATERIÁL

FIALOVÝ PRSTEN

* 9 korálků Swarovski® Purple Velvet, ∅ 4 mm
* fialové korálky Delica se stříbrným průtahem, ∅ 2 mm (11/0), asi 2 g
* tenká fialová nit

PRSTEN V BARVĚ TANZANITE

* 9 broušených korálků v barvě tanzanite, postříbřené, ∅ 4 mm
* fialové průsvitné korálky Delica, ∅ 2 mm (11/0), asi 2 g
* tenká fialová nit

TMAVĚ FIALOVÝ PRSTEN

* 9 voskových fialových korálků, ∅ 4 mm
* fialové korálky Delica, ∅ 2 mm (11/0), asi 2 g
* tenká fialová nebo černá nit

NÁKRESY NAVLÉKÁNÍ STRANA 14

1 Nit dlouhou 2,2 m navlékněte do jehly dvojitě. Začněte podle nákresu 1 středem prstenu a nejprve ušijte základní síť.

2 Podle nákresu 2 vypracujte nástavbu z korálků. Použijte (záleží na modelu) korálky Swarovski®, broušené korálky nebo voskové korálky.

3 Poté vypracujte obroučku prstenu a po dosažení potřebné délky ji přišijte na protilehlé straně ke středu prstenu (nákres 3). Obroučku prošijte ještě jednou dvojitě a konce nitě zapošijte.

Náš tip:

Tyto prsteny můžete rovněž výborně kombinovat s náramky ze strany 20/21 a vytvoříte si tak nádhernou soupravu.

Náhrdelník s náušnicemi

ve slavnostní šedé

DÉLKA
Náhrdelník asi 39,6 cm
Náušnice asi 3,7 cm

MATERIÁL
* pevná černá nit

DODATEČNĚ NA NÁHRDELNÍK
* asi 163 broušených šedých třpytivých korálků, ∅ 4 mm
* asi 60 šedých broušených třpytivých korálků, ∅ 6 mm
* asi 21 broušených šedých slz třpytivých, 8 mm dlouhých
* korálky Delica v barvě hematitu, ∅ 2 mm (11/0), asi 14 g
* 2 černé oválné kroužky, 6 x 4 mm
* černý uzávěr, ∅ 12 mm

DODATEČNĚ NA NÁUŠNICE
* 4 broušené šedé třpytivé korálky, ∅ 4 mm
* 2 broušené šedé slzy třpytivé, 8 mm dlouhé
* korálky Delica v barvě hematitu, ∅ 2 mm (11/0), asi 1 g
* 2 černé náušnicové klipsy

NÁKRESY NAVLÉKÁNÍ STRANY 14/15

Náhrdelník

1 Do jehly navlékněte nit dlouhou 4,5 m a s navlékáním začněte uprostřed. Jednu polovinu nitě navlékejte podle nákresu 1, opakujte tak dlouho, dokud nezapracujete 11 slz. Stejným způsobem pokračujte dále a na spodním okraji místo slz zapracujte kulaté 6 mm velké broušené korálky.

2 Poté, co vypracujete požadovanou polovinu nebo délku, nebo poté, co jste podle nákresu 2 zapracovali asi třicet 6 mm velkých broušených korálků, připevněte na náhrdelník první polovinu uzávěru.

3 Druhou polovinou nitě vypracujte podle nákresu 3 druhou část náhrdelníku a vypracujte ji stejně jako první, ale zrcadlově obráceně. Konce nitě zapošijte a odstřihněte.

Náušnice

Korálky navlékejte podle nákresu na nit dlouhou 30 cm. Konce nitě v místě spojení zauzlujte a několika meziuzly v protisměru je zapošijte. Druhou náušnici vypracujte stejně.

Rafinované spirály

s malými kostičkami

DÉLKA
Náhrdelník asi 47 cm
Náramek asi 19 cm

MATERIÁL
* pevná zelená nebo modrá nit

DODATEČNĚ NA NÁHRDELNÍK
* po asi 105 průsvitných skleněných kostkách s průtahem ve světle modré, modré a tyrkysové, 3 x 3 mm, (tj. po asi 8 g)
* průsvitné rokajly matné s průtahem ve světle modré, modré a světle zelené, ∅ 2,6 mm (9/0), po asi 5 g
* platinový kulatý magnetický uzávěr

DODATEČNĚ NA NÁRAMEK
* po asi 41 průsvitných skleněných kostkách s průtahem ve světle modré, modré a tyrkysové, 3 x 3 mm, (tj. po asi 3 g)
* průsvitné rokajly matné s průtahem ve světle modré, modré a světle zelené, ∅ 2,6 mm (9/0), po asi 2 g
* platinový kulatý magnetický uzávěr

NÁKRESY NAVLÉKÁNÍ STRANA 16

Náhrdelník a náramek

1 Do jehly navlékněte nit dlouhou 2 m a asi 30 cm kousek nechejte volně viset. Navlékněte čtyři světle modré, čtyři modré a čtyři tyrkysové rokajly (nákres 1) konce nitě zauzlujte tak, aby vznikl kroužek.

2 Podle nákresu 2 navlékněte první dva obloučky. Pak pokračujte podle nákresu 3. Dodržujte vždy pořadí barev, přičemž volíte vždy barvu vespod ležící řady. Nit napínejte, aby nebyl náhrdelník příliš volný. Tři obloučky se pak kolem sebe stále obtáčejí.

3 Pokud vám pochybí nit, připevněte novou. Novou nit provlékněte všemi korálky horní řady. Začněte kostkou, která následuje za rokajlem, z nějž vychází stará nit, a končete rokajlem, z nějž stará nit vystupuje. Oba konce nitě zauzlujte a pak pokračujte v navlékání již novou nití.

4 Po dosažení patřičné délky navlékněte pro poslední tři obloučky pouze tři rokajly a obvyklým způsobem nit rokajly provlékněte. Z rokajlů vznikne kroužek jako na začátku.

5 Navlékněte dva světle modré rokajly a nit provlékněte očkem na jedné polovině uzávěru. Pak navlékněte další dva světle modré rokajly a nit veďte jedním naproti ležícím rokajlem koncové řady. Nit pak provlékněte navléknutými korálky a očkem jedné poloviny uzávěru zpět. Veďte ji znovu rokajlem a dvěma sousedními rokajly koncové řady. Opět navlékněte dva světle modré rokajly, provlékněte očkem jedné poloviny uzávěru, naberte další dva světle modré rokajly a nit provlékněte naproti ležícím rokajlem poslední koncové řady. Nit protáhněte zpět rokajly a očkem a znovu ve stejném směru provlékněte dříve opuštěnými rokajly. Pokud máte příliš tenkou nit, tento krok opakujte. Druhou polovinu náramku vypracujte stejně a konce nitě dobře zapošijte.

TVOŘÍME ORIGINÁLNĚ PRO POTĚŠENÍ

Jsme tady pro VÁS! Pokud máte dotazy k našemu bohatému programu nebo nějaké podněty, potěší nás VAŠE zavolání či dopis. Můžete nás pochválit, ale nebojte se také sdělit nám VAŠI kritiku – pomáhá nám stále se zlepšovat.

S otázkami k jednotlivým materiálům či technikám se obraťte, prosím, na náš Kreativní servis, **kreativni.servis@bookmedia.cz**, telefon **597 490 493.**

Lydia Klös se narodila v Hammu (Vestfálsko). Již od dětství vášnivě vyráběla, ale její koníček se stal jejím povoláním až později. Během svého dětství, které bylo ovlivněno dospíváním na statku, studovala Lydia Klös biologii. Několik let kromě toho vedla také malý kreativní obchůdek a složila zkoušku CPD (Certified Professional Demonstrator) u amerického svazu Craft and Hobby Association. Dnes žije Lydia Klös v Berlíně a kromě psaní knížek vyrábí a navrhuje šperky a vede workshopy po celém Německu.

TATO KNIHA OBSAHUJE 16 STRAN BAREVNÝCH SCHÉMAT NAVLÉKÁNÍ

© frechverlag, Stuttgart, Germany, 2012. Z německého originálu Lydia Klös: Stillvolle Schmuckstücke. Překlad © Petra Langrová, redakce Jan Machač, litografie AMOS repro, spol. s r. o., Ostrava, vytiskla Tiskárna Grafico, Opava. České vydání © Bookmedia s.r.o., Smetanovo náměstí 8, 702 00 Ostrava, v roce 2014.